성찰을 통한

인간관계와 의사소통 제3판

주혜주 · 고희성 · 김수미 · 김은영 · 김찬희 · 도경진
안진희 · 양정운 · 유진희 · 정선아 · 진혜경 공저

정문각 JMK

머리말

우리나라 평균수명이 80세를 넘어 90세를 바라보는 시대가 되었다. 그에 따라 건강에 대한 전 국민의 관심이 나날이 높아지고 있다.

1998년에 세계보건기구(WHO)는 '건강이란 단순히 질병이 없거나 허약하지 않은 상태가 아니라 신체적 · 정신적 · 사회적 · 영적으로 충족된 안녕상태((Well-being)'라고 정의하였다. 여기서 사회적 건강은 인간관계에 의해 결정된다. 즉, 인간관계와 의사소통이 건강의 중요한 요소임이 인정되었다.

지구상의 거의 모든 존재들은 혼자서 살아갈 수 없다. 더욱이 인간은 의식주 모든 것을 다른 이들로부터 공급받지 않고서는 하루도 살 수 없는, 어찌 보면 지구상의 다른 어떤 존재들보다 훨씬 나약한 존재이다. 남들로부터 도움을 받아야만 살 수 있는 인간에게 효과적인 의사소통은 살아가기 위해 도움이 되는 정도를 넘어 삶의 필수 요소라고 말할 수 있다.

이렇듯 살아가는데 중요한 관계와 소통을 배우고 발전시키기 위해서 이론만을 공부하는 것은 부족하다. 오랫동안 학생들에게 의사소통과목을 가르치면서 무엇인가 부족하고 아쉽다고 느끼던 터에, 의사소통 교육에 실질적인 도움이 되는 교재를 만들고자 뜻을 같이 하는 후배교수들과 의사소통 책을 펴냈다. 그 후 뜻을 같이하는 더 많은 후배교수들과 함께 내용을 수정하고 보완하였다.

그러던 중 간호사뿐 아니라 국민건강을 위해 일하는 다른 의료분야에서도 의사소통의 중요성을 절감하고, 학생들에게 보다 나은 의사소통을 가르치기에 적합한 교재를 필요로 하시는 교수님들과 연결되었다. 이에 따라 조직 의사소통 사례에 간호사의 사례 외에도 약사의 사례를 추가하여 간호뿐만 아니라 다른 의료분야의 학생들도 실질적인 의사소통을 배울 수 있는 장을 열게 되었다.

이번 개정판에서는 의사소통 방식에서 강조할 가치가 있는 자기 주장성에 대한 설명을 추가하였고, 갈등해결의 필요가 있는 사례를 추가하며, 효과적 의사소통을 위한 적절한 사례들을 보완하였다.

아무쪼록 이번 교재가 삶의 가장 중요한 요소 중에 하나인 건강을 매개로 현장에서 사람들을 만나는 것이 주 업무인 다양한 의료분야에서 일하게 될 학생들에게 돌봄의 관계와 효과적인 사소통을 위한 실질적인 도움이 되기를 소망한다.

2023년이 무르익는 때
대표 저자

차례

CHAPTER 01

인간관계의 개요 (수업 1주차)

CHAPTER 01 인간관계의 개요(수업 1주차)

단원의 목적

인간관계와 의사소통의 연관성에 대해 인식한다.

성취목표

1. 인간관계의 유형을 파악한다.
2. 돌봄의 인간관계의 정의와 요소에 대해 이해하고 설명한다.

1. 인간관계의 중요성 및 유형

인간은 관계 속에서 태어나 관계 속에서 살아간다. 다른 사람과의 관계에서 경험하는 존중과 사랑은 긍정적인 자아개념과 자아상 형성에 영향을 준다. 이렇듯 인간관계는 인간 실존의 본질인 동시에 삶의 질을 좌우하는 가장 중요한 요소이다. 인간관계는 의사소통을 통하여 형성되며, 효과적으로 의사소통하기 위해서는 좋은 관계가 요구된다. 예를 들면 관계가 돈독한 사람에 대해서는 팥으로 메주를 쑨다고 해도 믿지만, 관계가 좋지 않은 사람에 대해서는 콩으로 메주를 쑨다고 해도 믿지 못한다.

인간관계의 유형은 보는 관점에 따라 다양한데, 여기서는 '사회적 관계, 친밀한 관계 및 돌봄의 관계'로 구분하여 살펴보고자 한다.

첫째, 사회적 관계란 일상생활에서 흔히 경험하는 관계로 이웃, 직장동료, 친구와의 관계 등이 여기에 속한다. 사회적 인간관계의 특징은 즐거움, 동료애가 우선이며 서로 동등한 자격으로 참여하고, 다른 사람을 도와야 할 책임이 없다. 또한 특별한 지식이나 기술, 목표, 형식이 필요하지 않으며 관계가 시작될 때 목적이나 관계의 지속여부에 대해 결정하지 않는다. 따라서 의사소통이 피상적인 경우가 많다.

둘째, 친밀한 관계는 두 사람이 정서적으로 서로에게 속해 있고 서로 지지하며 존경하는 관계로 연인관계, 부부관계 등이 이에 속한다. 친밀한 인간관계의 특징은 일반적으로 관계의 시작과 유지를 위한 공동의 목표가 있으며, 공유하는 정보는 개인적이고 둘만 아는 비밀스러운 것이 많다. 또한 서로의 취향, 성숙도, 인식도 및 상호작용의 평가에 따라서 관계가 지속될 수도 있고 깨질 수도 있다.

셋째, 돌봄의 관계는 한 개인이 다른 개인의 성장과 발전을 촉진 시키는 인간관계이다. 돌봄의 인간관계는 목적적이고 과학적이며, 사려 깊은 지식을 갖고 동기화되어야 한다. 돌봄의 관계에서 추구하는 목적은 대상자의 힘 기르기(empowerment)와 대상자의 성장이다. '대상자가 성장한다'는 것은 구체적으로 다음을 의미한다; 자기인식, 자기수용, 진정한 자기존중, 자신의 정체감에 대한 명확하고 통합적인 지각, 사랑을 주고받을 수 있으며 상호의존적인 대인관계를 형성할 수 있는 능력, 개인적 · 사회적 기능의 향상, 욕구의 만족, 현실적이고 합리적인 목표달성을 위한 능력 고취 등이다.

2. 돌봄의 인간관계 요소

돌봄의 인간관계를 성공적으로 맺기 위해서는 돌봄의 인간관계 요소 – 인간에 대한 이해, 자기인식, 타인에 대한 이해, 효과적인 의사소통 능력 – 에 대한 이해가 필요하다.

첫째, 인간에 대해 이해해야 한다.

돌봄의 인간관계를 형성하기 위해서 인간과 인간행동에 대한 과학적인 지식이 있어야 한다. 여기에서 유념해야 할 것은 개인적인 경험에 의한 지식이 아닌 과학적인 지식이 필요하다는 점이다. 인간과 인간행동에 대한 설명은 많지만 그중 대표적인 몇 가지만 소개하면 다음과 같다.

인간은 개방적 체계(open system)로서 누구를 만나는가, 어떤 환경에 놓이는가에 따라 자기(self)를 형성하고 유지하는 것이 달라진다. 체계(system)의 한 부분의 변화는 모든 부분의 변화를 가져온다. 즉 조력자는 변화의 촉매자로, 대상자의 일부분에 약간의 변화를 가능하게 함으로써 대상자의 전폭적인 변화를 끌어낼 수 있다.

인간행동은 목적이 있거나 목표 지향적이다. 목적이 없는 것처럼 보이는 행동도 대상자 내면의 욕구와 목표를 만족시키는 방향으로 행해진다. 이때 서로 좋은 관계가 형성되면, 상대방의 내면 깊은 곳의 욕구를 알아차릴 수 있다. 이러한 인간의 행동은 과거경험에 기초하며, 과거경험으로부터 무의식적으로 동기화되고 학습된다.

인간은 하나의 욕구나 목표가 충족될 때 다른 욕구, 흥미, 목표를 추구할 에너지를 갖는다. 메슬로우(Maslow)는 초기에 인간의 욕구를 5단계로 나누었고, 1단계인 가장 기본적인 욕구가 충족되어야 다음 단계의 욕구가 충족될 수 있다고 하였다. 이후 메슬로우와 제자들에 의해 5단계 욕구는 자기실현의 욕구를 세분화하여 8단계로 정리되었다.

◉ 인간의 욕구 8단계(Maslow)

- **1단계 욕구** : 생리적 욕구 – 인간의 가장 기본적인 욕구로 식사, 물, 고통 회피 등이 포함
- **2단계 욕구** : 안전의 욕구 – 안전, 위험, 사고로부터의 보호 등이 포함
- **3단계 욕구** : 애정과 소속의 욕구 – 동료 간의 친화감, 대인간의 만족 등이 포함
- **4단계 욕구** : 자기 존중의 욕구 – 타인으로부터 존중 받고자 하는 욕구가 대표적임
- **5단계 욕구** : 인지적 욕구 – 지식, 기술, 주변 환경에 대한 호기심을 가지고 이해하려 함
- **6단계 욕구** : 심미적 욕구 – 질서와 안정, 아름다움을 추구하고자 함
- **7단계 욕구** : 자아실현의 욕구 – 자신이 가진 잠재력을 최대화하여 창조적 경지 혹은 자신의 추구하는 이상향을 추구하는 욕구
- **8단계 욕구** : 자아초월의 욕구 – 자신을 초월하여 외부의 무엇가 연결되고자 하는 이타적인 욕구

한편 인간은 자신이 취한 행동이 성공적이지 못하면 긴장이 증가하고 자존감이 낮아진다. 외로움은 사람에게 있어 아주 기본적이고도 보편적인 느낌으로, 특히 정서적으로 어려움이 있는 사람은 외로움을 더 강하게 느낀다는 점을 이해하는 것이 중요하다. 마지막으로 인간에게는 천성적으로 건강을 향한 욕구와 성장하고자 하는 욕구가 있음을 알아야 한다.

둘째, 자기 자신에 대해 인식해야 한다.

일반적으로 사람들은 자신이 객관적으로, 있는 그대로의 세상을 보고 있다고 생각한다. 그러나 대부분의 사람들은 자신의 시각, 자신의 준거 틀을 통해서 세상을 본다. 즉 자신의 경험을 토대로 형성된 지각이나 인식은 감정, 신념, 행동에 큰 영향을 미친다.

조력자는 자신의 말과 행동은 물론 자신의 언행이 다른 사람에게 미치는 영향에 대해 높은 통찰력을 가져야 한다. 왜냐하면 돌봄의 인간관계에서는 조력자 자신이 돌봄의 도구가 되며, 자신에 대한 통찰과 지식이 돌봄의 인간관계에서 요구되는 모든 능력의 기초가 되기 때문이다.

조력자는 '나는 누구인가?' 라는 질문에 답할 수 있어야 하며, 더 나아가 자신을 지휘할 수 있어야 한다. 이러한 과제는 자기인식을 통해 성취할 수 있다. 자기인식을 기반으로 자신과 원활하게 소통할 때 타인과의 진정한 소통이 가능하다. 즉 효과적으로 의사소통하기 위해서는 올바른 자기인식이 필수다.

자기인식을 인지적으로 발달시키기 위해서는 먼저 자신에게 귀를 기울여야 한다. 이는 자신의 참된 감정과 인간적 욕구를 확인하고 받아들이는 것을 의미한다. 또한 남이 자신에 대해 하는 말에 귀를 기울이되 능동적으로 경청하고 적극적으로 수용한다. 동시에 자신만 아는 자아는 자기노출을 통해 넓힌다. 이러한 과정을 통해 열린 자아를 확장시킬 수 있다. 열린 자아영역이

넓어질수록 편안한 인간관계와 효과적인 의사소통이 가능하다.

조력자는 자신의 감정을 인식하고 받아들임으로써 사람과 사물에 대해 오해하지 않고 적절한 결정을 할 수 있다. 더 나아가 자신의 감정을 잘 수용할 수 있을 때, 대상자가 감정을 잘 표현하도록 이끌어 줄 수 있다.

영성(spirituality)은 생의 중요성, 방향, 목적 등에 대한 질문에 대답할 수 있는 자기(self)의 한 부분이다. 조력자는 자신의 가치관 즉 신념, 태도, 견해를 잘 인식하고 나아가 그것들이 자신의 행동과 인지과정에 미치는 영향에 대해서도 알아야 한다.

마지막으로 조력자는 자신의 신체적 측면에 관심을 기울여야 한다. 자신의 내적, 외적 메시지에 민감함으로써 신체적 안녕을 잘 유지해야 한다. 적절한 휴식, 여가선용, 균형 있는 식사 등은 에너지를 보충시켜 주며 좋은 인간관계 형성에 도움을 준다.

셋째, 타인에 대한 이해를 넓혀가야 한다.

타인에 대한 이해는 자기에 대한 이해와 수용을 바탕으로 한다. 조력자는 대상자 – 아동, 청소년, 노인, 다양한 질환자 및 그 가족 – 의 특성을 잘 알아야 돌봄의 인간관계를 잘 형성할 수 있고, 대상자에게 필요한 적절한 돌봄을 제공할 수 있다.

넷째, 효과적으로 의사소통을 할 수 있는 능력을 갖추어야 한다.

사람 사이에 이루어지는 인간관계는 반드시 의사소통을 통해 이루어진다. 따라서 돌봄의 인간관계를 위해서는 효과적으로 의사소통하는 능력이 필요하다.

3. 나의 인간관계 이해

현재 나의 인간관계 선호도를 점검해보는 것은 앞으로의 관계의 변화와 발전에 앞서 이루어져야 할 작업이다. 앞에서 인간관계의 전반적인 이해를 하였다면 이제 나의 인간관계의 특징을 살펴볼 것이다. 다음의 표에 가족, 친구, 이웃, 선후배, 선생님 등 생각나는 사람의 이름을 모두 적어보자. 이 작업은 개인의 사생활에 관련되어 있으므로 타인에게 공개하지 않고 혼자 작업해 보기를 권한다.

구분	이름	인원수
나와 서로 좋아하는 사람		
나를 좋아하지만 내가 싫어하는 사람		
서로 싫어하는 사람		

구분	이름	인원수
나를 싫어하지만 나는 좋아하는 사람		
다른 사람들이 좋아하는 사람		
다른 사람들이 싫어하는 사람		
인간관계 능력 면에서 내가 닮고 싶은 사람		
인간관계 능력 면에서 내가 닮고 싶지 않는 사람		

질문 1. 당신은 좋아하는 사람이 많습니까? 싫어하는 사람이 많습니까?

질문 2. 당신을 좋아하는 사람이 많습니까? 당신을 싫어하는 사람이 많습니까?

질문 3. 당신이 좋아하는 사람의 공통점은 무엇입니까?

질문 4. 당신이 싫어하는 사람의 공통점은 무엇입니까?

질문 5. 당신은 좋아하는 사람과 싫어하는 사람을 대할 때 어떤 차이가 있습니까?

질문 6. 당신이 생각하기에 다른 사람들이 좋아하는 사람은 어떤 특징이 있습니까?

질문 7. 당신이 생각하기에 다른 사람들이 싫어하는 사람은 어떤 특징이 있습니까?

질문 8. 당신이 닮고 싶은 사람의 특징은 무엇입니까?

질문 9. 당신이 닮고 싶지 않은 사람의 특징은 무엇입니까?

질문 10. 위의 질문들에서 당신의 인간관계 특징에서 발견한 점을 생각나는 대로 써보세요.

* 수업을 위한 워밍업 : 토의 그룹원들에게 자기 소개하기

앞으로 전개될 수업은 자신의 경험과 생각을 나누는 작업과, 그룹 원들(6–10명)간의 활발한 토의로 이루어진다. 그룹토의는 그룹의 친밀성에 따라 깊게 혹은 가볍게 이루어질 수 있다. 남을 판단하지 않는 수용적이고 신뢰할 수 있는 분위기 속에서 서로의 생각을 나눔으로써 자신에 대한 이해뿐만 아니라 친구들에 대해서도 깊은 이해를 할 수 있는 시간이 될 수 있다. 나와 다른 사람들의 생각을 서로 나누는 과정에서 보다 성숙한 의사소통을 경험할 수 있기를 바란다. 그러므로 수업에 임하는 학생들이 자신을 편안하게 노출시키고 서로의 생각을 잘 나누기 위해 간단한 자기소개와 서로를 익힐 수 있는 게임을 한다. 아래의 여러 가지 워밍업 방법 중 한두 가지를 선택해서 사용할 수 있다.

1) 나에 대해 요약하기

자신을 다섯 글자 이내로 표현하고(나는 ○○○○○이다) 이유를 설명한다.

예) 나는 "땅 위의 천사" 이다. : 나는 날개를 다쳐서 날지 못해요. 나는 꿈도, 의욕도 많은데 현실에서는 여러 가지 장애물이 많아서 날개를 다친 셈이에요. 그래서 지금 열심히 날개를 고쳐서 날아오를 준비를 하고 있어요.

2) 나는 동전의 양면 : Also Game

이 게임은 자신 안에 있는 그림자(평소에 보이기 싫어하는 면)를 가볍고 재미있게 노출시키는 게임이다.

① 노트에 먼저 자신의 성격이나 행동 중에 사람들 앞에서 하는 행동과 다른 면이 있는 부분을 생각해 보고 적는다.

예) • 나는 늘 친구들 모임에서 돈을 먼저 내는 사람이야. / 하지만 또한 난 친구가 몇 번이나 밥값을 내었는지 계산하지.
• 나는 친구들에게 늘 전화를 반갑게 받아. / 하지만 사실은 전화 받는 게 귀찮아.

② 자신에게 있는 양면적인 성품을 세 가지를 적은 후 이런 성품 하나씩을 서로 나눈다.

3) 나는 어떤 동물?

자신의 특징과 닮은 동물을 소개하고 그 이유를 설명한다.

예) 나는 햄스터입니다. 몸집이 아담하고, 남들이 귀엽다고 하고, 따스하며, 사람들과 섞여 있기를 좋아해요.

4) 내가 좋아하는 단어, 싫어하는 단어

그룹 원들이 돌아가면서 자신이 좋아하는 단어, 싫어하는 단어를 한 가지씩 말하고 그 이유나 사연을 이야기한다. 단어 선정은 심사숙고하지 않고 가볍게 떠오르는 것을 말하도록 한다. 진지하게 말할 수도 있지만, 솔직하고 유머러스하게 가벼운 설명을 하는 것도 좋다.

예) 저는 '희망' 이라는 단어를 좋아합니다. 어떤 상황에서도 포기하지 않도록 하지요. 반면 '관행' 이라는 말은 싫습니다. 왜냐하면 사람들은 관행을 핑계로 옳지 않은 일을 예사롭게 하기 때문입니다.

CHAPTER 02

다양한 자기이해 방법 (수업 2주차)

CHAPTER 02 다양한 자기이해 방법(수업 2주차)

단원의 목적

다양한 자기이해 방법을 활용해 자신을 성찰한다.

성취목표

1. 자기개념을 구성하는 요소와 영향을 주는 요인을 설명할 수 있다.
2. 조하리 창을 통해 자신의 개방성 정도를 인식할 수 있다.
3. 신념탐색을 통해 평소에 가지고 있는 신념에 대한 인식을 한다.
4. 이고그램을 통해 자신의 자아상태를 파악한다.
5. MBTI 성격유형검사를 이해한다.

1. 자기 개념(self-concept)

자기개념은 자신의 특징과 능력을 어떻게 지각하고 있는지를 의미하며 이를 바탕으로 개인의 의사결정과 행동 방향이 결정된다. 자기개념에는 신체상, 역할수행, 정체성, 자아존중감 등이 포함된다;

- 신체상 : 자신의 신체에 대한 의식적, 무의식적 태도로서 주관적이며 변화가능하다.
- 역할수행 : 사회적으로 기대되는 행동에 대한 수행 정도를 의미한다.
- 정체성 : 타인과 구별되는 자기 존재에 대한 인식이다.
- 자아존중감 : 자신의 중요성, 능력, 가치에 대해 스스로 내리는 평가이다. 자아존중감 형성에는 중요한 타인으로부터의 존중과 수용, 개인의 성공과 실패 경험, 건강, 관계, 사회경제적 지위 등이 영향을 끼친다.

심리학자 윌리엄 제임스(William James)는 주관적 자기(I-self)와 객관적 자기(me-self)를 구분하였는데 주관적 자기는 스스로 생각하고 주관적인 경험을 하는 자신에 대한 자각으로 좀처럼 변하지 않지만, 객관적 자기는 자신과 외적 환경과의 상호작용을 통해 형성된 자신에 대한 자각으로 사회적인 삶에 영향을 주고받는다고 하였다.

또한 제임스는 자기의 구성요소를 세 가지로 제시하였다;

- 물적 자기(material self) : 집, 가방, 옷, 차 등의 소유물
- 사회적 자기(social self) : 타인으로부터 받는 자신에 대한 평가
- 정신적 자기(spiritual self) : 개인의 성격, 취향, 자기를 돌아보는 관조능력

제임스는 세 가지의 자기 중 정신적 자기를 가장 중요하게 여겼다. 왜냐하면, 정신적 자기를 구성하는 도덕성, 양심, 의지로 살아가는 사람들은 그런 자기 모습을 보면서 순수한 만족감을 얻기 때문이다.

질문. 당신은 위의 세 가지 자기 중 어떤 자기를 가장 중요하게 여기나요?

자기개념은 자기지각, 자기관찰, 피드백, 환경의 영향을 받아 형성하게 된다;

- 자기지각 : 준거집단과 자신을 비교하여 자기를 평가하는 것으로 사회비교라고도 한다. 어느 집단과 비교하느냐에 따라서 자신의 평가가 상향될 수도, 하향될 수도 있으며 각각 장단점이 있다. 예를 들어 준거집단을 높이 정하면 자신에 대해 불만족을 느끼지만, 더 열심히 노력하는 반면, 준거집단을 낮게 정하면 자신에 대해 만족하나 그 정도의 수준에 머무르면서 발전이 없을 수 있다.
- 자기관찰 : 외부의 영향을 받지 않고 의식, 무의식적으로 자신의 행동을 성찰하고 파악하는 것이다. 자기를 관찰하는 가운데 이상적 자기 · 실제 자기 · 당위적 자기의 차이가 있음을 발견하는데 이를 '자기 차이'라고 한다.
- 피드백 : 부모, 가족, 선생님, 친구 등 자신에게 중요한 사람들로부터의 피드백이다. 우리는 나에게 주어지는 피드백을 무조건 수용하는 것은 아니며, 이를 여과하여 받아들이면서 자기에 대한 지각을 견고히 한다.
- 환경 : 자기를 인식할 때 고려되는 사회 · 문화적 상황이다. 예를 들어 집단주의 문화 속에서와 개인주의 문화 속에서 개인의 행동은 다르게 평가된다.

2. 다양한 자기 이해 방법

자기를 이해하는 방법은 매우 다양하고 현재에도 많은 자기 이해의 도구들이 개발되고 있다. 사실 자기를 이해하기 위해 특별한 도구에 의존하지 않고 일상생활 속에서 자신의 감정, 생각, 행동을 깊이 성찰하는 것이 가장 바람직하다. 그러나 이러한 방법은 모호하고 자칫 자신의 편견만 강화할 우려가 있다. 따라서 객관적인 다양한 자기 이해의 방법들을 살펴보면서 자신에게 적합한 도구를 선택하여 자기를 깊이 탐색하는 것도 도움이 될 것이다. 이 장에서는 자기를 이

해하는 다양한 방법 중 조하리 창, 신념탐색, 이고그램, MBTI를 소개할 것이다. 덧붙여 자기이해에 많이 활용되는 에니어그램은 3장에서 자세히 정리해볼 것이다.

1) 조하리 창(Johari's Window)

조하리 창은 심리학자 조세프 러프트(Joseph Luft)와 헤리 잉검(Harry Ingham)이 개발한 자기인식 모형으로서, 나와 타인과의 관계 속에서 자신을 인식하고 개방하며, 타인의 피드백을 통해 자기인식을 확대하는 방법을 설명한다. 이들이 자기개방의 정도를 창문에 비유한 이유는 창문은 안과 밖의 연결 통로이며 열기의 정도에 따라 그 크기가 조절되기 때문이다. 자기개방을 얼마나 하고 타인의 피드백을 수용하느냐 거절하느냐에 따라 나와 타인의 관계 속에서의 인식 정도가 달라진다.

아래의 그림처럼 조하리 창은 네 개의 영역으로 구분된다;

- 열린 창(Open area) : 나도 알고 남도 아는, 나와 타인에게 개방된 영역으로서, 나의 일반적인 특징을 포함하여 타인과 공감대가 형성된 나의 부분이다. 열린 창이 확장될수록 인간관계가 원만하고 자신에 대해 편안해진다.
- 보이지 않는 창(Blind area) : 타인은 알지만 나는 자각하지 못한 나의 영역이다. 이 영역은 타인의 진솔한 피드백이 없으면 인식하기 어렵다. 보이지 않는 창이 넓으면 독단적이고 자아도취가 강해 인간관계에서 갈등이 잦게 된다.
- 숨겨진 창(Hidden area) : 나는 알지만 타인은 모르는 영역으로서, 민감하게 자기를 성찰하여 자각하고 있으나 그것을 타인의 거절에 대한 두려움, 수치감 때문에 노출하지는 못하는 나의 부분이다. 숨겨진 창이 넓은 사람들은 신중해 보일지라도 자기표현을 잘 하지 않아 상대방이 답답해하며, 자신만의 비밀이 들킬까 불안할 수 있다.

그림 2-1 조하리 창

- 미지의 창(Unknown area) : 나도 모르고 타인도 모르는 나의 영역이다. 이 영역은 무의식의 영역으로서 살면서 경험해 온 많은 정보들이 포함되어 있으나 내가 망각했거나 인식하지 못하는 영역이다. 이 영역이 넓으면 자신에 대한 이해가 부족하여 자기통제가 어렵고 타인에게는 충동적이고 예측 불가능한 사람으로 비춰진다. 따라서 인간관계에서 가장 많은 갈등을 가져올 수 있다.

그렇다면 조하리 창 모델을 이용하여 자기인식을 넓히고 만족한 인간관계를 유지하려면 어떻게 해야 할까? 자기 개방성이 높고 인간관계를 가장 잘 할 수 있는 영역은 열린 창의 영역이다. 나머지 세 영역들을 인식하고 그 넓이를 좁혀나간다면 열린 창의 영역은 상대적으로 확장될 수 있다;

- 보이지 않는 창은 타인의 진솔한 피드백을 적극적으로 구하고 그것을 경청하여 수용함으로써 좁힐 수 있다.
- 숨겨진 창은 자신이 평가받거나 거절당할 것이라는 두려움을 극복하고 자신을 타인에게 솔직하게 내어 보임으로써 좁힐 수 있다. 즉 자신에 대해 자각한 부분을 수용하고 타인에게 자신을 솔직하게 표현해야 한다.
- 미지의 창을 좁히기 위해서는 인식하지 못한 무의식을 의식화시키는 작업이 필요하다. 다양한 방법의 자기 탐색 도구를 활용하여 솔직하게 자신의 무의식 영역을 탐색해야 한다.

연습 나의 조하리 창 인식하기

부록에 수록된 조하리 창 질문지를 통해 당신의 네 가지 창의 크기는 상대적으로 어떤지 살펴보자. 만약 열린 창의 영역이 상대적으로 좁다면 그를 넓히기 위해 당신이 시도할 방법은 무엇인지 적어보자.

2) 신념탐색

사람들은 자신이 가진 생각을 통해 자신의 상황들을 해석하고 경험하게 된다. 즉 같은 상황을 겪고 있는 두 사람이라도 그 상황에 대해 겪는 것은 서로 다를 수 있다. 예를 들어 물이 반쯤 담긴 컵이 앞에 있다고 하자. 누군가는 '물이 반이나 남았다'고 해석할 수 있고 누군가는 '반 밖에 안 남았다'고 해석할 수 있다. 이런 상황에서 누가 사실을 좀 더 객관적으로 받아들였다고 할 수 있을까? 사실은 물이 반 컵 남은 것이지만 관점에 따라서 부족하다거나 충분하다고 생각할 수 있다. 이처럼 우리는 누구나 자기 생각과 믿음에 의해 사실을 경험하게 되며, 더 나아가 사실을 어떻게 해석하고 받아들이느냐에 따라 감정의 다양한 변화를 경험하게 된다.

관점의 차이에 대한 이런 이야기가 있다. 두 철학자가 도서관에 들어가 같은 칸의 책꽂이를 보고 나갔다. 한 철학자가 말했다. "그곳에는 전부 수학책뿐이더군요." 그러자 다른 철학자가 어이없다는 표정을 지었다. "당신 제정신이오? 그쪽에는 모두 성서학책이 꽂혀 있었소." 두 학자는 자신이 보고 온 것이 진짜 사실이라고 서로 우기며 종일 싸웠다. 그런데 나중에 알고 보니, 두 사람은 무려 30센티나 키 차이가 나는 사람들이었다. 두 사람은 같은 서재에 들어갔으나 결국 키 차이로 인하여 서로 다른 것을 보고 온 것이다. 그러니 두 사람이 경험한 것은 모두 사실이었다.

사람들이 가진 자기 생각이 자신의 관점, 바로 위 이야기의 키 높이에 해당하는 것이라고 할 수 있다. 이런 관점들이 모여서 자신만의 독특한 신념, 즉 믿음을 만들어 낸다. 또한 우리가 가진 믿음을 통해 세상과 사람들과의 관계를 형성하게 된다. 예를 들어 '모두가 날 무시한다'라는 믿음을 가진 사람은 아마도 그 사람에게 친절하게 접근하고 있는 사람에게조차 호의적인 느낌이 아닌, 적대적이거나 거리감을 느낄 것이다. 왜냐하면 '무시한다'는 그 사람의 신념 체계는 상대방의 행동 중 자신에게 무례하게 구는 부분에 대해서만 민감하기 때문이다.

현재 인간관계에 영향을 미치고 있는 자신의 관점과 생각들을 인식하기 위해 자신의 신념을 탐색해 볼 수 있다. 신념탐색은 평소에 내가 가지고 있던 신념이 나의 생활과 인간관계에 도움이 되는지 방해가 되는지를 확인하는 과정이다. 그런데 이 신념이 전적으로 나에게 도움이 되거나 방해가 된 것이 아님을, 상황에 따라 다르게 작용하고 있음을 당신은 발견할 것이다. 중요한 것은 상황을 고려하여 경직되지 않고 융통성 있게 신념을 적용해야 한다는 것이다.

더 깊이 들어가면 이 신념은 어디서 비롯되었는지를 탐색할 수 있다. 즉 이 신념이 자발적인지, 아니면 타인에 의한 것인지를 발견하는 것이다. 그리고 이러한 신념들은 당신이 어릴 때부터 지속적으로 경험한 것, 또는 지속적이지는 않지만 한 번의 강력한 경험들을 통해, 그리고 당신에게 주요한 인물의 영향에 의해 형성되었음을 발견할 것이다. 덧붙여 그 신념이 과연 절대적인지, 진실한지에 대한 회의를 하면서 융통성 있는 적용을 하도록 노력해야 한다.

연습 신념 탐색

① 내가 가진 신념 적어보기

하나하나의 질문에 대해 저절로 떠오르는 생각(자연스럽게 떠오르는 생각들, 평소에 늘 하는 생각들)을 적어본다. 이때 '자신이 원하는 상태' 또는 '~해야 한다' 라는 상태에 대한 생각이 아니라 현재 내가 가진 생각을 있는 그대로 적어 보는 것이 중요하다.

예) 나는 ______________________ 하다.

여기서 저절로 떠오른 생각이 '착하다' 라면, 내가 자신에 대해 갖고 있는 신념은 '나는 착하다'이다. 그러나 만약 떠오르는 생각이 '나는 착해야 한다, '나는 부지런해야 한다' 혹은 '나는 공부를 열심히 해야 한다' 라면 다시 생각해 보도록 한다.

신념이란 지금 현재 내가 믿고 있는 것을 적어보는 것이다. 이상적인 내가 되기 위해 믿어야 한다는 부분이 아니라 지금 내가 어떤 생각을 믿고 있는지에 대해 적어보자.

② 나의 신념이 도움이 되었는지 방해가 되었는지 구분하기

신념 하나하나를 잘 살펴보고 이 생각을 가지고 사는 것이 내 인생에서 도움이 되었는지, 방해가 되었는지 적어본다(도움이 될 때도 방해가 될 때도 있을 것이다. 현재 어느 쪽이 더 많은지 느껴보고 적는다).

예를 들어 '나는 착하다'라는 생각으로 살아온 지난 시간을 돌아보고 이 생각이 내 생활에 도움이 되었는지, 부담이나 방해가 되었는지를 생각해 본다.

위의 방법에 유념하여 다음 신념탐색 질문 뒤에 떠오르는 생각을 그대로 적은 후, 도움/방해 표시한다.

1. 나는 ______________________ (도움/방해)
2. 나는 ______________________ (도움/방해)
3. 나는 ______________________ (도움/방해)

1. 우리 엄마는 ______________________ (도움/방해)
2. 우리 엄마는 ______________________ (도움/방해)
3. 우리 엄마는 ______________________ (도움/방해)

1. 우리 아빠는 ______________________ (도움/방해)
2. 우리 아빠는 ______________________ (도움/방해)
3. 우리 아빠는 ______________________ (도움/방해)

1. 우리 가족은 ______________________ (도움/방해)
2. 우리 가족은 ______________________ (도움/방해)
3. 우리 가족은 ______________________ (도움/방해)

1. 나의 미래는 ______________________ (도움/방해)
2. 나의 미래는 ______________________ (도움/방해)
3. 나의 미래는 ______________________ (도움/방해)

1. 나의 대인관계는(이성, 친구, 기타) ______________________ (도움/방해)
2. 나의 대인관계는 ______________________ (도움/방해)
3. 나의 대인관계는 ______________________ (도움/방해)

③ 탐색결과 나누기

위의 연습이 끝난 후 팀원끼리 각각의 주제에 대해 자신의 신념을 발표하고 이 생각이 내 인생에 도움이 되었는지 방해가 되었는지를 이야기한다. 이 과정에서 자신이 이런 생각을 가지게 된 경험들이 나오면서 좀 더 객관적으로 자신을 성찰할 기회가 주어질 수 있다.

④ 연습에 대한 소감 적기

이 연습을 통해 발견한 것이 무엇인지를 적어본다.

3) 이고그램(Egogram)

이고그램은 교류분석이론을 정립한 에릭 번(Eric Berne)의 제자인 존 듀세이(John Dusay)가 창안한 개인의 자아 상태 기능을 알아보는 방법이다. 듀세이는 번의 교류분석 이론 중 자아 상태에 대한 분석을 이용하여 이고그램을 만들었는데, 이를 통해 개인의 성격을 쉽게 확인할 수 있다.

번에 의하면 모든 사람의 자아 구조는 부모(Parent), 성인(Adult), 아동(Child)의 세 가지로 구성되어 있고 이를 양육적 또는 비판적 부모 자아와 성인 자아, 자유로운 아동 또는 순응적 아동 자아의 5가지 준거로 나누어진다고 하였다. 기능적인 인간이란 이러한 다섯 가지 기능을 자율적으로 충분하게 활용하는 사람을 말하는데, 어느 한 기능이라도 제 기능을 하지 못하면 역기능적인 삶을 살아가게 되기 때문에, 이러한 다섯 가지 기능이 어떻게 사용되는지 분석하는 기능분석은 매우 중요하다.

이고그램의 준거가 되는 자아 상태는 다음과 같다;

① 양육적인 부모 자아 상태 (NP: Nurturing Parent ego-state)

양육적인 부모 자아(NP)는 수용, 동정, 공감, 보호 등 자녀의 성장을 촉진하는 부모와 같은 부분이다. 부모는 자녀들의 정서적 · 신체적 욕구를 충족시켜 주고, 애정과 온정을 표현하며, 칭찬과 위로, 격려와 지지를 한다. 양육적인 부모 자아(NP)가 잘 발달 된 사람은 건강한 성격의 중요한 요소가 되며, 자녀를 사랑하고 돌보는 등 자녀를 양육하는 말이나 행동이 그대로 내면화되어 있다. 또한 말투도 부드럽고 온화하며 자세도 보호적이고, 수용적이지만 심하면 과 보호적이 될 수도 있다.

② 비판적인 부모 자아 상태 (CP: Critical Parent ego-state)

비판적인 부모 자아(CP)는 부모의 도덕 · 윤리 · 가치판단의 기준이 그대로 내면화된 것이다. 영유아는 기어 다니기 시작하면서부터 부모의 제재와 통제를 받기 시작하는데 부모는 이러한 자녀에게 명령과 지시를 하고 끊임없이 예의범절이나 규칙을 가르치며, 규칙에 벗어난 행동이

나 위험한 행동을 하면 통제한다. 비판적인 부모 자아(CP)는 고집스러운 방식으로 기능하며 자기 의견만 주장하고, 타인을 통제하고 비판하며 가르치려 한다. 또한, 비판적, 편견적, 봉건적, 단정적, 비난적, 강압적, 배타적, 조소적, 교훈적인 말투를 사용한다. 적절한 비판적인 부모 자아(CP)는 규범이나 사회체제를 잘 지키는 것에 도움이 된다.

③ 성인 자아 상태 (A: Adult ego-state)

성인 자아 상태(A)는 독창적 사고와 자기 자신에 대한 자각을 통하여 자기실현의 가능성을 보이는 시기에 형성되기 시작한다. 성인 자아 상태(A)는 현실을 객관적으로 파악하고자 하는 속성이 있는데 그러기 위해서 다른 두 자아 상태 즉, 아동 자아 상태(C)와 부모 자아 상태(P)의 모든 원천으로부터 정보를 이용하고 적절한지를 판단, 갈등을 중재하여 현재 상황에 효율적으로 적응하는 역할을 한다. 하지만, 두 자아 상태의 반응이 현재 상황에 적절하지 않다고 판단될 때에는 이를 통제하여 적절한 대안을 찾는다.

성인 자아 상태(A)는 부모 자아 상태(P)나 아동 자아 상태(C)에 의한 기능이 장애를 일으키는 것을 방지한다. 따라서 성인 자아 상태(A)가 기능하는 정도에 따라 개인의 기능 정도가 결정된다고 볼 수 있다. 성인 자아 상태가 높으면 현실적이고, 낮으면 즉흥적이며, 지나치게 높으면 컴퓨터와 같이 무미건조한 인간이 되는 경향이 있다.

④ 자유로운 아동 자아 상태(FC: Free Child ego-state)

자유로운 아동 자아(FC)는 태어나면서부터 자연적으로 형성되는 부분으로 부모의 영향을 받기 이전에 발생한다. 부모의 영향을 받고 있지 않으며, 본능적, 충동적 반응으로 항상성 원리에 입각한 자연 그대로의 쾌감을 추구한다. 부모나 어른들의 반응에 상관없이 자유롭게 자신을 나타내고 느끼는 그대로를 즉흥적으로 표현하며 감정적, 본능적, 적극적, 자발적, 창조적, 직관적, 행동적이다.

자유로운 아동 자아(FC)가 높은 사람은 잘 웃거나 잘 울고 긍정적인 감탄사를 자주 사용하고 좋고 싫은 것이 명확하며 자유분방한 사람이다.

FC는 CP와 A가 높으며 FC가 높은 것은 건강하지만, FC만 높으면 자기중심적이고 대인관계에서 협조하는 면이 부족하여 갈등을 일으키기 쉽다.

⑤ 순응적인 아동 자아 상태(AC: Adapted Child ego-state)

순응적인 아동 자아(AC)는 욕구나 참된 감정을 누르고 부모나 주변 사람들의 기대수준에 맞추려고 지나치게 노력하고 눈치를 보는 자아 상태를 말한다. 순응적인 아동 자아(AC)는 어릴 때부터 자기 마음대로 행동하다가 주위로부터 꾸중이나 야단을 맞았기 때문에 주체성이 결여된 채 주위상황에 타협하므로 본래의 자기 자신을 살리지 못한다.

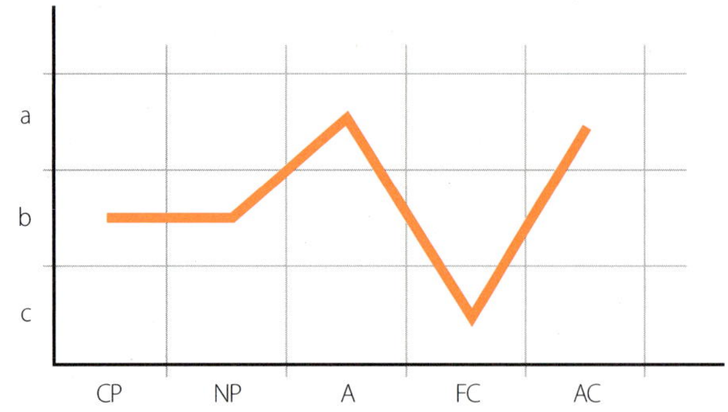

그림 2-2 이고그램의 예

따라서 순응적인 아동 자아(AC)가 강한 사람은 열등감이 나타나 현실을 회피하고, 욕구불만이 생기며, 의존적이고 주위의 동정을 기대하고, 자기비하의 경향을 보인다. 평상시는 온순하고 이른바 '착한 아이'지만 갑자기 분노를 터뜨리거나 반항하는 양상도 보이고 감정 상태는 죄악감, 비탄, 우울, 원한, 자기 혐오 등과 같이 일반적으로 부자연스럽고 불쾌한 것을 경험할 수 있다.

각 자아 상태에 대한 50개의 질문을 체크 한 후 각 자아 상태의 점수를 내면 한 개인에게서 이 다섯 가지 자아 정도가 차지하는 비율을 다음과 같은 그래프로 나타낼 수 있는데, 이것이 이고그램이다;

일단 자신의 자아 상태를 확인하면 이를 긍정적인 방향으로 변화시키는 것이 필요하다. 번은 개인 내부의 심리적 에너지양이 일정하므로 각 자아의 상태는 상대적으로 바뀐다고 본다. 즉 한 자아가 많은 에너지를 취하면 다른 자아의 에너지는 상대적으로 줄어든다는 것이다. 또한 각 자아의 기능이 지나치게 편향되어 불균형이 일어나면 건강한 성격이 아니라고 하였다. 이고그램을 활용하여 자신의 성격에서 어떤 자아가 강하게 기능하고 어떤 자아가 약한지를 알아차려 각 자아들이 균형 있게 발휘되도록 실천할 수 있다.

연습 나의 이고그램을 확인하고 균형 있는 자아상태를 모색하기

① 이고그램 질문지를 활용하여 나의 자아 구조는 어떠한지 체크 해 본다.

② 나에게 과한 자아 상태, 부족한 자아 상태를 균형 있게 발휘하기 위해 생활 속에서 어떤 실천을 할 수 있을지 조사해본다.

4) MBTI(Myers–Briggs Type Indicator)

MBTI는 칼 융(Carl Jung)의 심리유형 개념에 근거하여 이자벨 브릭스 마이어스(Isabel Briggs Myers)와 캐더린 쿡 브릭스(Katharine Cook Briggs)가 개발한 자기 보고식 성격유형 검사이다. 마이어스와 브릭스는 융의 저서〈심리유형〉에 소개된 네 가지 기준에 따른 상반된 선호지표들을 조합하여 16가지 성격유형을 만들고 그 유형들과 관련이 있는 특징들을 정리하였다.

기준	선호지표	설명
에너지의 방향	외향형(**E**xtraversion)	주의 초점이 외부로 향해 사교적이고 활동적임
	내향형(**I**ntroversion)	주의 초점이 내부로 향해 신중하고 조용함
인식 방법	감각형(**S**ensing)	오감에 의존하여 현재의 경험을 중시함
	직관형(i**N**tuition)	영감에 의존하여 의미를 추구함
판단의 기준	사고형(**T**hinking)	사실에 관심을 가지고 분석적, 객관적인 판단을 함
	감정형(**F**eelilng)	사람과 관계에 관심을 가지고 상황적인 판단을 함
이행양식	판단형(**J**udging)	사전에 계획하고 체계적으로 실천함
	인식형(**P**erceiving)	상황에 따라 자율적이고 융통성 있게 실천함

이 선호지표에 따라 조합된 16가지 유형들은 다음과 같다;

ISTJ	ISFJ	INFJ	INTJ
ISTP	ISFP	INFP	INTP
ESTP	ESFP	ENFP	ENTP
ESTJ	ESFJ	ENFJ	ENTJ

융은 인간은 선호지표의 한 극단만 가지고 있는 것이 아니라 그 스펙트럼 안에 있으므로 어느 한 지표에 치우쳐 규정하는 것은 바람직하지 않다고 보았다. 다만 MBTI를 통해 자신이 선호하는 경향성을 찾고 이것이 생활에 어떤 영향을 미치는지 탐색하는 것은 자기 이해에 도움이 될 것이다.

CHAPTER 03

에니어그램 (수업 3, 4주차)

CHAPTER 03 에니어그램(수업 3, 4주차)

단원의 목적

에니어그램을 통해 자신과 타인의 성격을 이해하여 대인관계에서의 갈등 해결방법을 찾는다.

성취목표

1. 에니어그램에 의한 자기 성격유형의 특징과 성숙 방법을 안다.
2. 갈등관계에 있는 타인의 성격유형을 이해하고 수용한다.
3. 갈등관계에 있는 타인과의 관계 개선을 모색한다.

1. 에니어그램의 개요

1) 에니어그램이란?

에니어그램이란 희랍어인 에니어(ennea; 아홉)와 그라모스(grammos; 그림)가 합해진 복합어로, '아홉 개의 점이 있는 그림'이라는 뜻이다.

에니어그램은 인간의 성격 유형을 9가지로 분류하여 이해하는 방법으로서, 다양한 분야에서 인간 성숙의 방법으로 활용되고 있다.

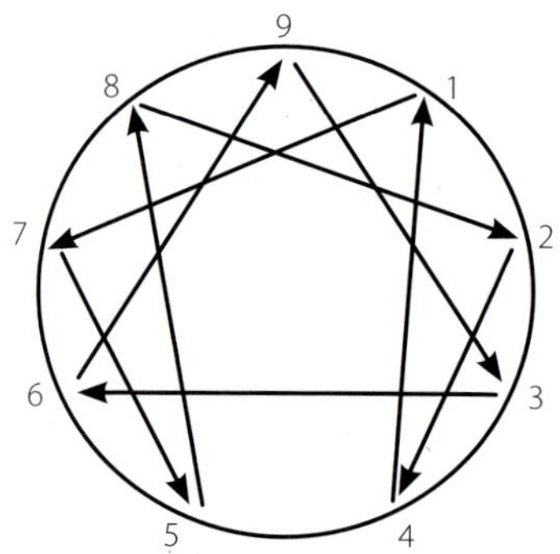

그림 3-1 에니어그램 도식

에니어그램의 기원에 대해서는 여러 설이 있으나 증거가 불확실하다. 고대 근동지방(지금의 아프가니스탄)에서 약 2500년 전에 시작하여, 그 후 10세기에 걸쳐 이슬람교의 신비주의 종파인 수피파에 의해 영적 지도자들 사이에서 비밀스럽게 구전되어 온 것이라는 이야기도 있으나 정확하진 않다.

에니어그램을 서구세계에 알린 사람은 조지 이바노비치 구르지예프(George Ivanovich Gurdjieff)임은 의심의 여지가 없다. 신비주의에 관심이 컸던 구르지예프는 동료들과 함께 진리를 추구하는 연구모임을 만들어, 동서양을 막론하고 세계 각지에서 진리들을 찾아내 끊임없는 토론과 체계적인 통합을 통해 에니어그램을 이론적으로 발전시켰다.

현대의 에니어그램은 단지 하나의 근원에서 온 것이 아니라 많은 고대의 지혜와 현대 심리학이 결합된 결정체이다. 여기에는 오스카 이카조(Oscar Ichazo)와 클라우디오 나란조(Claudio Naranzo)의 공이 컸다. 오스카 이카조는 에니어그램을 아프가니스탄의 지도자로부터 전수 받아 교육훈련법을 체계화하였다. 그로부터 사사한 정신과 의사 클라우디오 나란조는 에니어그램과 자신이 공부한 다른 심리체계를 결합하여 나란조 모델을 개발, 에니어그램을 미국 전역에 대중적으로 전파하였다.

또한 예수회 신학생이었던 돈 리차드 리소(Don Richard Riso)는 각 유형의 발달 수준과 심리적 동기를 밝혀내는 것에 큰 공헌을 하였고 이외에도 미국의 대학들과 수도회 등에서 에니어그램의 발전에 기여했다. 현재 주부, 기업, 비즈니스맨, 종교인 등 다양한 분야의 사람들이 에니어그램을 업무수행의 지침으로 삼고 있다.

2) 에니어그램에서 언급하는 용어에 대한 설명

이 장에서 에니어그램을 공부할 때, 반복적으로 언급되는 용어에 대한 이해가 필요하다.

- **기본적인 두려움** : 어린 시절, 어느 부분의 필요가 결핍되거나 충족되지 못하여 느끼는 무의식적인 불안
- **기본적인 욕망** : 기본적인 두려움에 대한 보상으로, 삶을 유지하기 위하여 기본적인 두려움에 대해 방어기제로 생겨난 것.
- **회피행동** : 각 유형이 직면하기를 두려워하여 피하고자 하는 것.
- **긍정적인 특성** : 각 유형이 건강하고 안정된 상태에 있을 때 보이는 장점.
- **부정적인 특성** : 각 유형이 스트레스 받고 건강하지 않은 상태에서 보이는 단점과 집착에 의해 빠지기 쉬운 함정.
- **날개** : 에니어그램 상 자신의 유형 양쪽에 있는 유형들로서, 그 유형들의 특징과 섞이거나 영향을 받을 수 있다. 예) 4의 날개는 3, 5인데, 3의 날개를 많이 사용하는 4, 또는 5의 날개를 많이 사용하는 4가 있을 수 있다.

- **화살** : 에니어그램의 각 점은 두 개의 다른 점들과 연결되는데, 이렇게 연결된 유형들을 화살이라고 한다. 당신의 유형이 안정되고 성숙했을 때 성숙점 유형의 좋은 모습을 보이는 반면, 스트레스 받고 건강하지 않을 때 연결된 스트레스점의 부정적인 모습이 보이기도 한다. 이는 당신의 내면에 화살 유형들이 모두 존재하기 때문이다. 화살은 에니어그램이 정체되지 않고 역동적임을 보여 준다. 예) 4의 성숙점은 1, 스트레스점은 2
- **그림자** : 선으로 연결되지 않은 유형으로서 무의식에 잠재된 부분이다. 그림자 유형에 대한 잠재력을 인식하여 그 장점을 취하도록 활성화하는 작업이 필요하다.

3) 에니어그램의 목적

에니어그램은 단지 인간을 9가지 유형으로 분류하여 꼬리표를 붙이고 단정하기 위한 것이 아니다. 또한 겉으로 드러난 모습을 통해 인간의 성격을 9가지로 정확히 분류한다는 것은 불가능하다. 우리는 기본적으로 9가지 유형의 특징들을 타고났다. 하지만 살아가면서 환경과 경험에 의해 특정 유형의 특성을 학습하여 자신의 것으로 만들거나, 기본적으로 가진 성격을 강화하거나 억제하면서 살아간다. 그래서 9가지의 모든 유형에 걸친 성격 특징들을 갖고 있음에도 불구하고 특정 성격의 모습을 숨길 수 있다. 그러나 같은 행동이라도 그 내면의 동기-특히 스트레스 상황에서-를 살펴보면, 자신의 성격 유형이 어디에 가까운지를 알 수 있다.

에니어그램 성격 유형을 공부하면서 사람에 대해 알 수 있는 것은 그 사람이 세상을 보는 눈, 스트레스에 대한 반응, 삶의 주된 동기, 가치관, 다른 사람들과의 관계양상과 같은 중요한 부분들이다. 이런 부분들을 이해하면서 우리는 자신과 타인을 받아들이는 훈련을 하는 것이다.

에니어그램을 공부하는 목적은 우선, 자신에 대한 이해와 성숙을 위해서이다. 자신이 가진 기본적인 두려움, 욕망, 가치관, 장점과 단점, 행동의 동기 등 자신을 구성하고 있는 순수 의식에 대한 탐구를 통해 자기를 이해함으로써 자기를 가두고 있는 성격의 틀을 벗어나 신성에 가까운 참모습으로 성숙하고자 하는 과정이므로, 에니어그램은 '나의 참모습을 향한 여행'이라고 할 수 있다. 쉽게 말하면, 솔직한 자기 탐구를 통해 자기 유형의 장점은 유지하고 단점을 개선하면서 성숙할 수 있도록 하는 것이다. 또한 날개, 화살, 그림자 유형을 모두 내 것으로 활용하여 결국 인간의 본성에 존재하는 9가지 유형의 좋은 점을 모두 발휘하도록 개발하고 성장하는 것을 추구한다.

또한 에니어그램을 통해 타인에 대한 이해를 높임으로써 인간관계에 도움이 된다. 다른 사람, 특히 갈등 관계에 있는 사람의 성격을 파악하여 그들과 내가 서로 다름을 인정하고 그 삶의 방식을 이해하는 것만으로도 감정적인 갈등이 해소될 수 있다. 더불어 그와 나의 성격에 맞는 타협점을 찾아 대처함으로써 개선된 인간관계를 유지할 수 있다.

4) 에니어그램을 공부할 때 주의할 점

① 자기 유형은 자신이 찾는다.

자기 내면의 소리에 귀 기울이면서 정직하게 성찰하고, 자신의 부정적인 모습, 스트레스 상황에서의 대처 방법, 행동에 지대한 영향을 미치는 집착, 내면의 동기, 집착과 회피에 중점을 두어 자기 유형을 스스로 탐색해야 한다. 이 작업은 한시적으로 끝나는 것이 아니라 우리가 살아가면서 계속되어야 한다. 에니어그램 척도를 통해 자신의 유형을 발견했다 하더라도 그것이 진정한 자신의 유형인지에 대해 끊임없이 고민하면서 자신의 유형을 탐색해야 한다.

② 현재의 모습보다는 어린 시절 모습을 기준으로 자신의 유형을 찾는다.

현재의 모습은 이미 사회적 학습이 이루어진 상태이므로 학습 이전의 순수한 자신의 모습인 어린 시절의 자기 모습을 회상하면서 자신의 유형을 찾는다.

③ 자신의 유형을 내세워 자기 행동을 정당화하거나 성격을 고정하지 않도록 한다.

이런 경우의 에니어그램은 단지 판단의 도구이지 개인의 변화와 성숙을 위한 도구가 될 수 없다.

④ 더 나은 자기 이미지를 위한 목적으로 에니어그램을 이용하지 않는다.

에니어그램은 있는 그대로의 자신을 성찰하는 것이지, 특정한 이미지를 만들기 위한 수단이 아니다.

⑤ 타인을 번호로 단정하고 판단하지 않는다.

타인의 에니어그램 유형은 그 자신이 찾는 것이지 본인이 아닌 다른 사람이 판단하는 것이 아니다.

⑥ 모든 유형이 장단점을 갖고 있으며, 어떤 유형이 우월하거나 열등한 것은 없다.

에니어그램의 목적은 모든 유형의 장점을 배워 보다 성숙해지는 것임을 잊지 말자.

⑦ 성격은 고정된 것이 아니라 변화하고 역동적인 것으로 이해한다.

에니어그램 상 같은 유형이라 할지라도 그 성숙도, 날개의 발달, 변형 정도에 따라 다양 한 모습을 보일 수 있다. 또한 에니어그램의 각 유형들은 연결되어 있으므로 변화 가능 하고 역동적이다.

⑧ 다른 유형의 삶의 방식을 이해하고 아름다운 점을 배우도록 한다.

이를 통해 각 유형의 아름다운 점을 발휘하는 성숙한 인간으로 나아갈 수 있다.

2. 에너지(힘)의 중심에 따른 분류

에너지(힘)의 중심이란 인간이 무의식적으로 취하는 에너지의 근원으로서, 에니어그램에서는 머리(사고), 심장(감성), 장(본능)의 세 곳으로 분류한다. 원래 인간의 본질은 이 세 가지 에너지의 근원을 골고루 사용하였다. 하지만 이 본질이 어린 시절 성장 과정의 영향으로 힘의 균형이 깨어져 세 가지 중 어느 한 가지 힘에 집착함으로써 나머지 힘들을 제대로 사용하지 못해 에너지의 조화와 균형을 잃게 된 것이다.

에니어그램을 공부하면서 자신의 유형을 발견하기 전에 '중심'을 먼저 발견하는 것이 필요하다. 그간 우리는 무의식적으로 한 가지 힘을 중점으로 사용해 왔는데, 그것이 최선이라고 생각하여 한 가지 힘만 고집하는 데서 개인 및 인간관계의 문제가 발생한다. 우리는 자신이 집중적으로 사용한 에너지의 중심을 깨닫고, 사용하지 않은 나머지 중심들을 인식하여 골고루 균형 있게 사용하도록 노력해야 한다.

힘의 중심에 따른 세 가지 분류를 서로 비교하면 다음과 같다.

구 분	머리 / 사고 중심	심장 / 가슴 중심	장 / 본능 중심
무게중심	대뇌, 신경계	심장, 순환계	하복부, 소화계
외 모	왜소하고 긴 몸, 냉철하고 차가운 이미지	동글, 따뜻한 느낌	묵직하고 힘이 있음
주된 감정	안전과 관련한 두려움, 공포	인간관계에 대한 불안	뜻대로 되지 않음에 대한 분노
주관심사	객관적, 논리적 이치	인간, 인간관계	자신, 힘과 정의, 현재
대처양상	멀리서 관찰하면서 상황을 우선 분석함	인간관계에 의해 감정적 반응을 함	직관적인 행동이 앞서 상황을 통제하려 함
성 격	내향적: 생각은 많으나 행동은 별로 하지 않음	외향적: 활동은 많으나 내적 성찰이 어려움	내향성과 외향성이 같은 비중임
성숙방법	타인에게 자신을 내어 보이기	혼자 있는 시간 갖기	분노를 인식하고, 나보다 남에게 귀 기울이기
관련유형	5, 6, 7 유형	2, 3, 4 유형	8, 9, 1 유형

그룹토의

1. 아래 상황 질문에 대해 나는 어떻게 반응할지 토의하자.

질문 1. 함께 과제를 해야 하는 친구와 의견이 달라서 내 뜻대로 일이 되지 않아 갈등하고 있다. 이때 나의 느낌, 생각, 그리고 그 생각에 의한 행동은 어떠할까?

질문 2. 나의 친한 친구가 선배로부터 야단을 맞고 있다. 이 광경을 보고 나는 어떻게 할까? 그리고 그렇게 대처한 이유는 무엇인가?

질문 3. 길을 가는데, 저 멀리서 사람들이 웅성거리며 모여 있고, 그 가운데 어떤 사람이 쓰러져 있다. 이 상황에서 나는 어떤 생각과 감정이 들고, 어떻게 행동하겠는가?

2. 그룹토의 후 다양한 의견들을 힘의 중심별로 분류해 보자.

다음 수업을 위한 과제

- 에니어그램 유형별 체크리스트 작성하기(부록 참고)

3. 9가지 유형

에니어그램에서 분류하는 인간의 9가지 성격 유형에 대해 간단히 알아보자. 자신의 유형을 짐작할 수 있는 유형별 질문 도구는 부록에 제시되어 있다.

유형	특 성	기본적인 두려움	기본적인 욕망	회피행동
1	완벽주의자, 개혁가, 심판자	나쁘고, 결점 있고, 부도덕한 것	완전하려 함	분노
2	조력자	사랑 받을 가치가 없는 것	사랑 받는 것	자신의 욕구
3	성취자	가치가 없는 것 타고난 재능이 없는 것	가치 있게 여겨짐	실패
4	낭만적인 사람, 개인주의자	정체성이 없는 것 개인적인 중요성이 없는 것	자기 자신이 됨	평범함
5	관찰자, 탐구자	무기력하고 쓸모없고 무능한 사람으로 여겨지는 것	유능해지고자 함	공허함
6	의심 많은 사람, 충실한 사람	지원과 안내를 받지 못하는 것, 혼자 생존할 수 없는 것	안전하고자 함	일탈 혹은 이상행동
7	모험가, 열정적인 사람	고통 받는 것	행복하려는 것	고통
8	주장이 강한 사람, 도전하는 사람, 지도자형	다른 사람에게 해를 입거나 통제나 침해를 당하는 것	자신을 보호하는 것	허약성
9	평화주의자, 중재자	잃어버리는 것 분리, 소멸되는 것	평화를 유지하는 것	갈등

에니어그램의 각 유형에 따른 구체적인 특성은 다음과 같다.

다음의 유형별 특성과 성숙 방법은 각 유형에 대한 대표적인 내용을 간략하게 제시한 것이다. 보다 자세하고 구체적인 내용은 참고자료들과 지속적인 자아 성찰을 통해 탐구되어야 할 것이다.

1유형 : 개혁가

"나에게도 단점이 있을 것이다.
그러나 그중에 옳지 않은 것은 하나도 없다."
- 지미 호파

>>> 자신과 자신을 둘러싼 세상을 더 낫게 하고, 올바른 삶을 위해 실질적인 행동을 하는 사람

○ 긍정적인 특성

• 원칙적이고 도덕적인 것에 철저하며 완벽해지려는 경향이 있다.

- 이상주의적이며 자신을 스스로 잘 통제하여 목표를 성취한다.
- 정의감이 강하고 책임감이 있으며 올바른 일 처리로 타인에게 신뢰를 준다.
- 통찰력 있는 사고와 이해를 통해 현실적이고 현명한 선택을 하는 지혜를 갖고 있다.
- 더 나은 세상을 위해 열심히 일하려고 하며, 착한 사람, 좋은 사람이 되고자 한다.

○ 부정적인 특성

- 근원적인 문제 : 분노를 억압하여 내면의 긴장감이 크다.
- 완벽에 대한 집착으로 인해 작은 실수나 결함을 용서하지 못하고, 융통성이 없다.
- 이분법적인 사고를 하고, 자신과 타인에 대해 단정하고 비판한다.
- 지나치게 감정과 욕구를 통제하고 엄격하다.
- 타인의 감정에 대해 공감하기 어렵다.
- 높은 기대로 자신과 타인에 대해 항상 만족하지 못하여 분노를 느낀다.
- 사소한 것에 집착하고 지나치게 강박적이 되며, 질투심이 강하다.

○ 날개

- 9의 날개가 발달한 1형 : 이상주의자 – 침착하고 느긋하며 객관적
- 2의 날개가 발달한 1형 : 사회 변화를 주장 – 남을 잘 돕지만, 비판적, 통제적

○ 화살

- 7형으로의 성숙점 : 여유, 긍정적, 수용적
- 4형으로의 스트레스점 : 우울, 자살, 못 가졌음에 대한 절망

○ 성숙 방법

- 분노를 인식하고 인정하며 분노 표현의 방법을 배워서 적절히 표현하라.
- 자신과 타인을 있는 그대로 너그럽게 수용하고 기대치를 낮추어라.
- 다른 사람들이 자신을 돕도록 허용하고 감사를 표현하라. 자신을 정직하게 열어라.
- 판단하지 않고, 모든 것들은 각기 다른 성질을 갖고 있음을 받아들여라.

2유형 : 돕고자 하는 사람

"사랑 받기 원한다면 사랑스러워져라."
– 오비드

>>> 타인을 잘 돌보고 관대하며 그들에 대한 긍정적인 감정을 잘 드러냄

○ 긍정적인 특성

- 쾌활하고 따뜻하며 애교가 많다.
- 타인의 감정에 주의를 기울여 타인과 공감을 잘하고 수용적이다.
- 사람들의 필요를 잘 알아차리고, 그것을 헌신적으로 충족시킴으로써 행복해한다.
- 사람들과 쉽게 관계를 맺고 애정과 관심으로 타인에게 생기를 주고 그들을 격려한다.
- 자신의 감정을 잘 느끼고 적절하게 욕구 충족을 하여 삶에 즐거움과 자유를 누린다.

○ 부정적인 특성

- 근원적인 문제 : 자신은 남의 도움을 필요하지 않고, 자신이 남을 가장 잘 도와준다고 생각하는 교만(자만심)
- 이기적으로 보일까 봐 정작 자신이 원하는 것을 하지 못하고, 'No'라고 못한다.
- 자신의 진심을 표현하지 못하고 다른 사람의 비위에 맞추어 아첨한다.
- 사람들에 대한 소유욕과 집착이 강하고, 남을 배후에서 조종하며 지나친 간섭을 한다.
- 자신이 베푼 만큼 남에게 사랑받고 인정받고 싶은 욕구가 충족되지 않으면 피해의식을 느끼고 비난한다.
- 자신의 선행을 과시하면서 다른 사람들이 인정해 주기를 바란다.

○ 날개

- 1의 날개가 발달한 2형 : 봉사자 – 이상적, 객관적, 자기를 비판하고 판단함.
- 3의 날개가 발달한 2형 : 자신감, 야심 있고 사교적, 경쟁적, 목표 성취 가능.

○ 화살

- 4형으로의 성숙점 : 심오한 감정, 자립심, 창의적, 예술적, 자아 성찰을 잘함.
- 8형으로의 스트레스점 : 신경질, 날카로운 공격, 남 탓, 요구 많고 남을 통제

○ 성숙 방법

- 자아 존중감 높이기 – 자신의 욕구와 감정에 집중하여 자신에게 즐거움을 주고 혼자 하는 활동을 하라.
- 다른 사람들이 바라는 모습이 아니라 자기 본연의 모습이 되도록 노력하라.
- 자신의 자만심에 대해 성찰하라.
- 자기주장 연습을 하라. 거절, 이의 제기, 화나는 감정에 직면하라.
- 다른 사람이 당신에게 주는 애정의 방법이 다양함을 인식하고 받아들여라.
- 부정직하거나 과도한 아첨을 경계하라.

3유형 : 성취하는 사람

"일찍 잠자리에 들고 일찍 일어나라.
열심히 일하라.
그리고 자신에 대해 광고하라."
– 로렌스 J.피터

>>> 성공 지향적이며 생산적이고, 적응을 잘 하며, 자신의 이미지에 관심이 많은 사람

○ 긍정적인 특성

• 자신감 있고 낙천적이며 활동적이다.
• 유능하며 일을 신속하고 효율적으로 잘 처리하여 목표를 성취한다.
• 융통성, 설득력과 조직력이 있고, 상황파악 능력과 적응 능력이 뛰어나다.
• 다른 사람들이 최선을 다하도록 동기부여하고 격려하며 리더쉽이 있다.
• 인상이 좋고 우호적 · 사교적이어서 폭넓은 인간관계를 형성한다.

○ 부정적인 특성

• 근원적인 문제 : 성공적인 이미지에 대한 집착으로 인해 쉽게 자기와 남을 속이는 기만.
• 진실한 자기 모습보다는 겉으로 보이는 이미지에 집착하여 타인의 인정을 받고자 한다.
• 과정보다는 성공과 업적에 치중하여 수단과 방법을 가리지 않고 남을 이용한다.
• 목표한 일을 위해서 자신을 억압하고 일 중독에 빠지기 쉽다.
• 잘난 체하고 자기도취 성향이 있으며 허영심이 많다.
• 감정을 성찰하지 못해 공감이 어렵고 타인과 진실한 친밀감 형성이 어렵다.

○ 날개

• 2의 날개가 발달한 3형 : 매력적인 사람, 따뜻함.
• 4의 날개가 발달한 3형 : 전문가 – 감수성 예민하고, 상상력, 창조적, 일 중심적

○ 화살

• 6형으로의 성숙점 : 책임감 있게 집단에 협력함. 자기 감정과 많이 접촉하여 상처 받기 쉬움. 사려 깊음.
• 9형의 스트레스점 : 게으름, 무기력, 탐닉, 비생산적, 수동 공격적, 열등감.

○ 성숙 방법

• 자기 이익을 위한 거짓된 내면을 직시하고, 자신에게 진실하고 솔직해져라.
• 실패와 자신의 약한 부분을 인정하고 표현하라.

- 자신의 감정을 접하고, 내적인 자아가 만족하는 일을 찾아라.
- 휴식을 취하고 긴장을 푸는 시간을 가져라.
- 팀의 리더가 아닌, 순수한 팀원이 되어 협력하거나 자원봉사하는 기회를 가져라.
- 타인의 이야기를 잘 듣고, 함께 즐기려고 노력하라.

4유형 : 낭만적인 개인주의자

"나는 평범한 날들이 이어지는 것만 빼고는 뭐든지 참을 수 있다."
\- 괴테

>>> 자신의 감정을 경험하고, 이해받고 싶으며, 인생의 의미를 찾으려 함

○ 긍정적인 특성

- 인생의 의미를 발견하고 마음속 깊은 곳의 감정을 느껴 진실하게 드러낸다.
- 민감성 · 감수성이 가장 발달, 직관력, 타인과의 공감 능력이 뛰어나다.
- 상상력이 풍부하고 심미안이 있어 개성적인 창조성을 발휘한다.
- 아름다움을 발견하는 능력이 있어 고상한 취미, 우아함, 세련됨, 신비로운 면을 가진다.
- 자신의 어두운 면을 받아들이므로 고통스러운 경험도 잘 견딜 수 있다.

○ 부정적인 특성

- 근원적인 문제 : 자신이 갖지 못한 것에 대한 선망에서 나오는 시기심.
- 공허하고 어두운 자기의 감정 세계에 갇혀서 쉽게 상처 받고 부정적이다.
- 자기중심적이고 감정의 기복이 심하며 우울한 성향이 강하다.
- 평범한 것을 꺼리고 남들과 같아지는 것에 대한 공포를 느낀다.
- 남이 자기를 이해하지 못한다고 생각해 이질감을 느끼고 친해지지 못한다.
- 현실에서 갖지 못한 것이나 자신의 단점에만 집착하여 남을 부러워하지만, 실질적 능력개발은 하지 않고 환상 속에서 완성하려 한다.

○ 날개

- 3의 날개가 발달한 4형 : 외향적, 명랑함, 야심적, 화려함, 자신의 이미지 추구.
- 5의 날개가 발달한 4형 : 내향적, 지적, 독특함, 심오한 영성적 구도자가 됨.

○ 화살

- 1의 성숙점 : 자기단련, 현실적, 실질적인 행동력, 적극적, 감정 조절
- 2의 스트레스점 : 자신의 욕구를 부정하고 억누름, 상대방에게 지나치게 의존하고 집착하면서 조종함.

○ 성숙 방법

- 감정의 기복을 경계하고 감정에 휘둘리지 말라. 감정은 사실이 아님을 명심하라.
- 자신을 객관적으로 보고, 감사하고, 당당해져라.
- 자존감 회복을 위해 노력하라.
- 현재의 삶에 만족하고 그 가치를 받아들여라.
- 인생의 긍정적인 측면에 초점을 맞추어라.

5유형 : 탐구자

"나는 고독만큼 좋은 친구를 가져 본 적이 없다."
– 헨리 데이비드 소로우

>>> 지각력 있고, 창의적이며 혼자 있기를 좋아하고, 자신의 마음을 잘 드러내지 않는 사람

○ 긍정적인 특성

- 지적이고 객관적 · 논리적인 사고를 하며, 이해력과 통찰력이 뛰어나다.
- 호기심, 탐구심이 많고 창의적인 아이디어로 독창적인 업적을 남긴다.
- 사려 깊고 타인의 말을 잘 경청하며 수용적이다.
- 현실에 대한 예리한 관찰과 지각력이 뛰어나다.
- 강한 자제력, 책임감, 합리적으로 일을 수행한다.
- 위기 상황에서도 침착하고, 물질적 소유나 지위에 초연하다.

○ 부정적인 특성

- 근원적인 문제 : 항상 부족함을 느껴 탐욕스럽고 이것은 정보, 시간, 지식, 돈, 자신의 욕구 등 모든 것에 인색함으로 나타난다.
- 자기표현이 부족하며 다른 사람에 대해 공감이 어렵고, 감정을 경계한다.
- 세상에서 스스로 고립되려고 하며 사람들과의 교류를 피한다.
- 자기 중심적이며, 관심 있는 부분에는 끝까지 파고들지만, 관심 없는 일에는 무심하다.
- 지적인 오만함을 보일 수 있다.

○ 날개

- 4의 날개가 발달한 5형 : 초연, 민감, 감정이입 잘하고 자신에게 몰두, 창의적
- 6의 날개가 발달한 5형 : 조직에서 충성, 걱정이 많고 회의적, 조심성이 많음.

○ 화살

- 8의 성숙점 : 용기, 과감하게 행동, 강한 주장, 효율적으로 자신을 지킴.

• 7의 스트레스점 : 충동적, 산만, 천방지축, 무분별한 결정, 극단적 불안정

○ 성숙 방법

• 생각에서 벗어나 행동하라 – 모험을 감행하고, 실수를 두려워하지 말라.
• 자신의 기대와 한계, 느낌을 말과 행동으로 표현하라.
• 자신 없는 면이 무엇인지 깊이 생각해 보고 그것을 개발하라.
• 감정을 억누르지 말라.
• 세상과 접촉하여 적극적 개입을 통해 관계 속에서의 사랑을 체험하라.

6유형 : 충실한 사람

"나는 새로운 철학을 개발해 왔다.
그것은 하루 중에 24시간만 걱정하기이다."
– 찰스 M. 슐츠

>>> 책임감 있고 의심, 불안이 많고 사람들에게 호감을 주는 사람

○ 긍정적인 특성

• 자신과 자기가 속한 집단에 충실하고 협조적이며 헌신적이다.
• 놀라운 끈기와 노력으로 목표를 달성하고, 성실하고 책임감 있어 타인의 신뢰를 받는다.
• 상냥하고 인정이 많아 약한 사람의 입장을 공감하고 보호하려 한다.
• 실패와 위험에 대해 철저히 대비하고 추리력, 예지력이 뛰어나다.
• 사람과의 관계에서도 충실하여 한번 신뢰하면 한결같은 믿음을 가진다.

○ 부정적인 특성

• 근원적인 문제 : 사소한 근심과 불필요한 의심으로 두려움, 공포에 사로잡힌다. 이러한 공포로 인해 자신이 인정한 권위에 따라서만 행동하려는 경향(공포 순응)과 공포에 대항하고 과민 반응하는 경향(공포 대항)의 대조적인 양상이 나타난다.
• 자신의 의사로 행동하는 것을 두려워하고 우유부단하다.
• 안전에 대한 지나친 집착으로 자신과 타인을 늘 긴장하게 만든다.
• 타인, 특히 자기가 속한 집단 외부의 사람에 대해 경계와 의심이 많고, 버려질 것에 대한 두려움으로 인해 남을 비난할 수 있다.
• 자신감이 없어 불안하여 스스로보다는 외적인 권위에 의해 불안을 해결하려 한다.
• 흑백논리가 강하고 사고가 경직되며 융통성이 부족하다.

○ 날개

- 5의 날개가 발달한 6형 : 방어적, 지적, 조심성, 냉담
- 7의 날개가 발달한 6형 : 물질 지향적, 유머 감각, 밝고 경쾌함, 사교적

○ 화살

- 9의 성숙점 : 느긋함, 공감을 잘함, 넓은 관점, 자기 믿음이 있음.
- 3의 스트레스점 : 두려움을 회피하기 위해 일중독에 빠짐, 실패할 일은 아예 시도 안함.

○ 성숙 방법

- 내면의 공포와 두려움의 실체를 관찰하라 ; 실재하는 공포가 아니라 상상 속의 공포임을 알아차리고, 걱정되는 사실을 점검하라.
- 긴장 이완훈련을 하거나 경계심을 풀고 유머 감각을 익혀라.
- 자신감을 가져라 – 자신의 장점에 귀를 기울이고 자기를 칭찬하라. 또한 현재에 만족감을 느끼고, 실수도 괜찮음을 명심하라.
- 자기 확신을 가지면서 적극적으로 행동하고 자신의 결정을 신뢰하라.
- 변화를 두려워 말고, 자신에게 익숙하지 않은 것을 과감히 시도하며, 다양성을 추구하라.

7유형 : 열정적인 사람

"나는 멋진 삶을 살았다. 나는 모든 것을 시도해 봤다."
– 빈센트 프라이스

>>> 대담하고 쾌활하며 낙천주의, 모험심을 갖고 삶에 접근하는 사람

○ 긍정적인 특성

- 쾌활하고 천진난만하며 낙천적, 긍정적이다.
- 호기심, 모험심이 많고 삶에 활력과 열정이 넘친다.
- 상상력이 풍부하고 창조적인 아이디어가 다양하며 다재다능하다.
- 사교적이고 유머 감각이 많아 타인의 호감을 받고, 인간관계의 폭이 넓다.
- 세상을 기회와 선택의 장으로 보고, 자유롭고 적극적으로 살아간다.

○ 부정적인 특성

- 근원적인 문제 : 과도한 본능적 만족과 쾌락을 추구하므로 무절제, 폭식, 방종에 빠지기 쉽다.
- 현실보다는 흥분과 강력한 자극을 추구하며, 쉽게 싫증 내고 지루해한다.
- 자신을 과장하며 자아도취적인 성향이 있다.

- 너무 많은 일을 시도하나 제대로 끝을 맺지 못하고 산만하다.
- 자신과 타인에 대해 참을성이 부족하여 요구가 많고, 자기 중심적이 된다.
- 깊이 있는 인간관계를 맺기 어렵고, 타인에게 상처를 주고, 무책임하다.

○ 날개

- 6의 날개가 발달한 7유형 : 낙천적, 연예인, 충실, 책임감, 근심
- 8의 날개가 발달한 7유형 : 건강, 공격적, 경쟁적, 물질 지향적, 현실적, 밀어붙이는 능력으로 강력한 추진력, 끈기로 목적 달성

○ 화살

- 5의 성숙점 : 내성적, 객관적, 깊은 탐구, 진지, 자신의 두려운 감정을 경험
- 1의 스트레스점 : 냉소적, 비판적, 짜증, 흑백논리, 남 탓

○ 성숙 방법

- 내면의 부정적인 정서, 피하고 있는 것이 무엇인지 살펴라.
- 지금 하는 한 가지 일에 집중하여 끝까지 완수하라.
- 성실하게 현실에 근거하여 살겠다는 각오, 있는 그대로 결과를 받아들여라.
- 갖고 싶은 것보다는 이미 가진 것에 감사하라.
- 타인의 고통, 인생의 어두운 면이나 부정적인 면을 피하지 말고, 그것에 용기 있게 직면하라.
- 어려운 일은 대가를 치르지만 만족을 가져옴을 기억하라.

8유형 : 도전하는 사람

"삶의 기술은 댄스라기보다는 레슬링에 가깝다.
굳건히 서서 예상치 않은 공격에 대비해라."
– 마르쿠스 아우렐리우스

>>> 스스로가 도전하고, 다른 사람들도 자신의 능력 이상의 일을 해내도록 격려하는 사람

○ 긍정적인 특성

- 리더십이 뛰어난 지도자이다 – 단호하고 압도적이면서도 관대하고 마음이 넓어 타인에게 안정감을 준다. 자신의 보호 아래 있는 사람들을 잘 돌보아준다. 다른 사람에게 힘을 실어 주어 그들의 능력을 발휘하게 한다.
- 열정적으로 소신 있게 행동하며, 담대하고 용기가 있다.
- 자신감이 넘치며 현실 파악 능력과 직관력이 뛰어나다.

- 불의를 참지 못하고 공정하며, 진실과 정의를 실천한다.
- 위험이나 역경에도 굽히지 않고 강한 추진력으로 목표를 달성한다.

○ 부정적인 특성

- 근원적인 문제 : 타인을 이용, 소유, 억압하고 착취하면서도 죄의식이나 가책을 느끼지 못하는 파렴치함.
- 모든 일을 통제하고, 자기 뜻대로만 하려고 하면서 타협을 모른다.
- 자기주장이 강하고, 공격적, 직설적이므로 상대에게 상처를 준다.
- 지나치게 충동적이고 성급하며 화를 잘 낸다.
- 힘이 없고 약한 사람을 경멸하고 무시한다. 또한 자신의 약점도 인정하지 않는다.
- 힘의 논리로 모든 것을 해결하려 하고 오만하며 경쟁적이다.

○ 날개

- 7의 날개가 발달한 8유형 : 카리스마, 독립적, 사교적, 자기 중심적, 빠른 두뇌 회전
- 9의 날개가 발달한 8유형 : 느긋함, 온순, 수용적, 보호하는 리더십을 발휘함.

○ 화살

- 2의 성숙점 : 개방적, 자신의 약함을 드러냄, 타인의 복지에 더 신경 씀.
- 5의 스트레스점 : 자신의 감정을 무시하고 타인이 관심을 가지는 것을 두려워함, 우울, 죄책감, 위축되고 고립된 삶

○ 성숙 방법

- 다른 사람에게 통제받고 해를 입는 데 대한 두려운 감정을 살피고, 그 두려움의 원인을 찾아 해결함으로써 자신을 보호하고자 하는 집착에서 벗어나라.
- 나약함을 드러내는 것을 두려워하지 말라.
- 부드러움과 자애로운 마음을 배우고, 타협하는 것을 훈련하라.
- 행동을 취하기 전에 기다리고 경청하는 자세를 가져라.
- 타인의 경험이나 관점을 무시하지 말고, 자신이 '직선적'일 때 타인의 마음을 다치게 할 수 있음을 인식하고, 타인을 심하게 몰아세우지 말라.

9유형 : 평화주의자

"우리는 서로 밀접한 관계를 맺으며 살아간다.
그러므로 우리 삶의 가장 중요한 목적은 다른 사람을 돕는 것이다.
남들을 도울 수 없다면 최소한 상처는 주지 말아야 한다."
– 달라이 라마

>>> 스스로와 다른 사람들을 위해서 내면과 외부의 평화를 추구하려고 애쓰는 사람

○ 긍정적인 특성

- 수용적, 관대하며 언제나 안정과 평온을 유지하여 타인에게 편안함을 준다.
- 공정한 중재자이며 모든 사람과 평화를 유지한다.
- 겸손하고 친절, 온유하며 인내력이 뛰어나다.
- 스스로 만족하고, 가장 순수하고 착하며 균형 잡힌 유형이다.
- 편견이 없고, 경청과 공감을 잘하고, 타인 지향적으로 남을 돕고, 든든한 지지가 된다.
- 느리지만 일단 시작하면 엄청난 지구력과 인내로 일을 추진한다.

○ 부정적인 특성

- 근원적인 문제 : 쉽게 살려 하고 자기 계발에 태만한 게으름.
- 갈등을 피하고자, 자신의 주장은 인식 못하고 남의 요구만 따라한다.
- 자신을 사랑 받지 못하는 하찮은 존재로 여기고, 자신의 욕구를 무시한다.
- 고집스럽고 꾸물거리며, 냉소적이고 수동공격적일 수 있다.
- 자기 주관이 없고 우유부단하며 타성에 젖는다.
- 상황에 무관심하고, 분노를 부인하거나 참다가 시간이 지나면 갑자기 폭발할 수 있다.

○ 날개

- 8의 날개가 발달한 9유형 : 중재하는 사람 – 실천적, 외향적, 자기 주장적, 고집, 방어적, 폭발적으로 화를 냈다가 갑자기 조용해짐.
- 1의 날개가 발달한 9유형 : 상상력이 풍부함, 높은 이상, 돕는 마음과 분별력 있음, 정돈, 비판적, 분노를 억압, 사회정의 실천

○ 화살

- 3형의 성숙점 : 조직적, 효율적, 목표 지향적, 자신감
- 6의 스트레스점 : 수동적, 나태, 걱정과 근심에 압도당함, 우유부단, 완고함.

○ 성숙 방법

- 자기의 가치를 인정하라 – 자기를 먼저 사랑해야 남도 사랑할 수 있음을 명심하라.
- 자신이 원하는 것이 무엇인지 인식하라. 그리고 그것에 따르는 것을 두려워하지 말라.
- 자신의 분노를 인식하고 처리하는 방법을 배워라.
- 상황이 저절로 변하기를 기다리지 말고, 옳지 않은 상황을 바꾸기 위해 먼저 행동하라.
- 자기주장 연습을 하라 – 'No'라고 말해 보기, 요청하기, 자신의 문제를 이야기하기.

그룹토의

부록의 에니어그램 유형별 질문지를 이용하여 자신의 유형을 예상하라. 단, 여기에서 예상한 유형이 여러분의 확정된 성격 유형이 아님을 명심하라. 앞에서 말했듯이, 자신의 유형은 섣불리 단정할 수 있는 것이 아니고 내면의 동기를 솔직하게 살피면서 끊임없이 탐구해야 한다.
다음의 내용을 심사숙고하고 난 뒤, 성찰의 결과를 그룹 원들과 함께 이야기해 보자.

질문 1. 나는 몇 유형이라고 생각하는가? (질문도구를 이용한 결과와 자신이 예상하는 유형을 함께 이야기한다.) 그렇게 생각하는 이유는 무엇인가?

질문 2. 나의 어린 시절에 가장 힘들었던 기억은 무엇인가? 그리고 그때 나는 어떻게 느끼고 대처했는가?

질문 3. 어린 시절, 다른 사람들은 나에 대해 어떻게 평가했는가?

질문 4. 나의 어떤 성향으로 인해 다른 사람에게 상처를 주었는가?

질문 5. 남들로부터 비난 받은 적이 있다면, 주로 어떤 면에 대해서였는가?

다음 수업을 위한 과제

- 다음시간 그룹토의(에니어그램과 인간관계 부분)에서 논의될 질문들에 대해 미리 준비해오기

4. 에니어그램과 인간관계

에니어그램을 공부하는 목적에서 언급했듯이, 에니어그램을 통해 우선 나에 대해 알고 또한 다른 사람에 대해 알고 나면 수용적인 태도로 인간관계를 맺을 수 있다. 특히 나와 갈등 관계에 있는 사람이 있다면, 그 사람의 성격 유형을 고민해 보라.

내가 미워하고 불편해하는 사람에 대해 그 사람의 성격 유형과 내면의 동기, 추구하는 것, 두려워하고 집착하는 부분 등에 대해 이해하고 나면, 그 사람의 태도와 행동을 이해하게 되고, 그에 대해 수용적이 되며, 더 나아가 서로에게 도움이 되는 타협점을 찾을 수 있다. 결과적으로 우리는 인간관계 속에서 더욱 성숙할 수 있게 된다.

그런데 여기서 다시 강조하고 싶은 부분은, 상대방을 이해하기 이전에 자신에 대한 이해가 우선되어야 한다는 점이다. 인간관계의 갈등은 어느 한쪽의 문제가 아니라 갈등을 겪고 있는 당사자들 모두의 문제이기 때문이다. 갈등 관계에 있는 그 사람이 나의 어떤 부분을 자극하여 나를 불편하게 하는지, 왜 나는 그런 부분을 힘들어하는지, 나의 내면에서 무엇을 두려워하는지 등에 대한 솔직한 성찰이 필요하다.

다음의 사례들은 서로 다르거나 비슷한 성격의 사람들이 인간관계 속에서 갈등하는 모습을 에니어그램의 관점에서 제시한 것이다.

– 사례 1

늘 챙겨 주고 싶어하는 선배(2형)와 간섭받기 싫어하는 후배(5형)

5형 후배의 입장 : 병원에 취업하여 첫 근무지가 중환자실이다. 환자 보호자들을 많이 접하는 일반 병실보다는 나름대로 조용히 환자 간호에만 전념할 수 있어 다행이라고 생각한다. 그런데 나와 함께 파트너가 된 선배 간호사가 무척 부담스럽다. 이 선배는 다른 사람들을 잘 챙기고 따뜻하며 상냥한 태도로 일관하여 동료 의료진들로부터 인기가 많은 것 같은데, 내가 생각하기에는 좀 성가시고 불편하다.

나는 그냥 내 할 일들을 착실히 훈련받고, 내가 간호하는 부분에 대해 확실히 배우고 실수 없도록 철저히 일하면 될 것 같은데, 이 선배는 부담스러울 정도로 나에게 잘해 준다. 아니, 쓸데없는 부분까지도 간섭하고 이래라저래라 하는 것 같다. 내가 배우고 싶은 많은 전문 업무들이 – 중환자실의 그 많고 복잡한 기계를 어떻게 다루어야 하는지, 무의식 환자의 합병증 예방을 위해 어떻게 해야 하는지, 환자의 위험 신호가 무엇인지 그리고 응급 상황에서 어떻게 해야 하는지 등 – 수도 없이 많아서 근무 외의 시간을 투자해도 모자라는데, 이 선배는 자꾸 일 끝나고 커피 한잔하자, 밥을 사주겠다, 영화를 보여 주겠다 하며 나의 시간을 뺏으려 한다. 나는 그것보다 차라리 도서관에 가서 중환자 관련 책을 한 권 더 보는 게 나은데…….

이 선배는 일하는 중에도 나의 안색을 살피면서 피곤한지 물어보고, 어깨 안마도 해주고, 자기가 일했을 때 어땠는지를 줄줄이 말하기 시작하는데, 난 오히려 그게 더 피곤하다. 그리고 쉬는 날에 뭐 하고 지냈는지, 누구와 전화 통화를 했는지, 남자친구는 어떤지 등 나에 대해 궁금한 게 너무 많다. 이건 엄연히 사생활 침해인 것 같은데. 그리고는 다른 동료들이나 수간호사님의 성향에 대해 일일이 알려주고, 그들에게 잘 보이려면 내가 어떻게 해야 한다는 둥, 중환자실 간호사들은 특히 더 가족같이 지내야 한다는 둥, 내게 부담스러운 이야기만 늘어놓는다. 그런 얘기들은 남의 험담으로밖에 안 들린다. 내 앞에서는 몸 둘 바를 모르게 나를 칭찬하고 아부하지만, 뒤에서는 누군가에게 내 험담을 할 것 같아서 기분이 나쁘다. 또 내가 간호업무를 하고 있으면, 옆에 와서 봐준답시고 이리저리 감시하고 설명하고……. 내가 다 아는 부분도 여러 차례 말하고 지시하니 정말 머리가 아프다. 그래도 선배니까 내가 너무 무례하게 굴면 기분 나쁠까 봐 내색하지 못하고 건성으로 대답하고는 말이 길어지기 전에 얼른 자리를 피한다.

차라리 다른 선배랑 파트너가 됐으면 좋겠다. 수간호사님은 이 선배가 사람들을 잘 챙긴다는 이유로 신규 간호사인 나랑 일하게 하신 것 같은데, 나는 다소 무뚝뚝하고 냉정해 보여도 자기 할 일만 하면서 나의 업무 시간과 사생활을 지켜주는 사람과 같이 일하고 싶다.

뭐, 그래도 업무 훈련받을 때는 좋은 면도 있었다. 첫 출근해서 내가 어색하고 부끄러워할 때 나에게 먼저 와서 말 걸어 주고, 병동 일에 익숙하지 않아 시간 많이 걸리던 일을 도와주기도 하고, 한번 질문하면 상세하게 가르쳐 주었다. 또 중환자실의 환자들에게 마음을 다해 간호하는 모습을 보면 천사가 따로 없다.

이 선배가 근무지에 나타나면 늘 활기가 넘치고 사람들의 기분이 좋아진다. 그런데 어떤 선배로부터 이런 얘기를 들었다. 이렇게 친절한 선배가 한번 토라지면 얼음같이 차갑다는 것이다. 자기의 성의를 무시한다거나, 감사의 표현을 하지 않거나, 그녀가 시키는 대로 따르지 않으면 은근히 냉정해지면서 상대를 무시하고 날카로운 말들을 내뱉어 상대를 당황하게 만든다며 나보고 그 선배에게 찍히지 않도록 조심하라고 했다. 이런, 천사의 모습 뒤에 숨겨진 양면성이라니! 나는 이 선배에게 찍히지 않기 위해 억지로 선배의 말을 받아 주는 척해야 하나, 아니면 아예 찍혀 버려서 선배의 관심과 간섭으로부터 벗어날까……. 병원 생활이 쉽지 않다. 전문적인 일 외에 인간관계까지 고민해야 하다니, 그냥 병원을 그만두고 연구직으로 방향을 바꾸어야 하나?

2형 선배의 입장 : 이번에 새로 나의 파트너가 된 후배는 가까이하기가 참 어렵다. 학교에서도 우등생이었던 이미지에 맞게 참 똑똑하고 이지적이며 배우는 데 열정적이라 더 챙겨 주고 싶었는데, 나에게 너무 냉정하고 반응이 없다. 그리고 나를 대하는 것이 건성인 것 같고 오히려 성가신 눈치다.

나는 새로운 환경에서 어색하고 적응하지 못할까 봐 개인적인 이야기도 해가면서 친해지려

했고, 근무가 끝나면 기분전환도 하고 격려도 할 겸 함께 시간을 보내려 하는데, 그녀는 번번이 핑계를 대면서 거절한다. 아니, 싫으면 싫다고 직접 말을 하지, 이리저리 핑계 대면서 피하질 않나, 행여 같이 식사를 해도 대화는커녕 눈조차 맞추려 하지 않는다. 처음엔 수줍어서 그런 줄 알았는데, 마치 나와 함께 있는 자리가 무의미해 보인다는 태도이다.

나는 중환자실의 업무가 고된 만큼, 같은 동료들끼리 지지하고 격려하여 가족 같은 화기애애한 분위기 속에서 힘을 얻어야 한다고 생각한다. 그래서 중환자실 가족들에게 성심성의껏 봉사를 하는데, 이 후배는 내가 쓸데없는 참견을 하고 다닌다고 생각하는 듯, 가끔 내게 냉소적인 눈길을 보낸다. 그리고 내가 중환자실 동료들에 대해 미리 정보를 주고 조심해야 할 점들을 일러줌으로써 후배가 그들에게 실수하지 않도록 도와주려 했는데, 그 후배는 내 말을 그냥 흘려버리는 것 같다. 아니, 전혀 관심이 없는 것 같다.

그건 내게 너무 견디기 힘들고 화를 돋우는 반응이다. 내가 친절을 베풀고 마음을 주는 사람들이 그 고마움을 모르고 보답하지 않으면 미쳐 버릴 것 같다. 그들에게서 나의 존재감이 사라지는 것 같아서 말이다. 내가 뭐 큰 보답을 바라는 것도 아니다. 그냥 내 친절을 거절하지 않고, 고맙다는 말 한마디 해주는 것으로 족한데. 이 후배는 그런 것에도 인색하고, 자신에 대해 말하는 것에도 인색하다. 내가 개인적인 질문을 하면 그냥 씨익 웃으면서 침묵한다. 참 답답하다.

이 후배는 학교에 다닐 때도 아마 공부만 했을 것이다. 친구도 별로 없을 것 같다. 우리 간호업무는 혼자 하는 것이 아닌데, 저렇게 혼자 잘난 척 선배인 나를 무시하는 것을 보면 참을 수 없다.

이제 한 번만 더 나를 무시하면, 내가 얼마나 무서운 사람인지를 보여 줘야겠다. 조금만 실수해도 눈물 쏙 빠지게 야단치고, 일도 전혀 도와주지 않고, 후배가 모르는 부분만 질문하여 당황하게 만들어야지. 이때까지 보였던 만만하고 함부로 무시해도 되는 선배가 아닌, 엄하고 무서운 선배로 보여 나를 무시하지 못하게 해야겠다.

>> 만약 후배 또는 선배가 에니어그램 유형에 근거하여 자신과 상대를 이해했다면 자신의 욕구도 충족하면서 상대의 욕구를 충족시키기 위해 어떤 노력을 할 수 있을지 토의해보자.

- 사례 2

규범을 중시하는 선생님(6형)과 개성이 강한 학생(4형)

초등학교 4학년 담임이 된 선생님은 학교에서 모범적이고 책임감 있는 사람으로 인정받고 있다. 학급 일은 물론이고 학교의 주요 업무들도 맡은 바 책임 있고 성실하게 해냄으로써 동료들이 신뢰하는 사람이다. 지도하고 있는 학생들에게도 열성적이고 자상한 선생님으로서 모범을 보여, 학생과 학부모들의 신임을 받고 있다. 권 선생님은 학생들의 안전을 최우선으로 생각하면서 자기 일은 최선을 다해 성실히 수행하지만, 약간의 위험부담이 있는 일들은 좀처럼 시도하지 않는다. 만약 새로운 시도를 했다가 실패하거나 학생들의 안전에 위협이 될 수 있다고 생각하기 때문이다. 그래서 교실에서 하는 수업 시간은 적극적으로 이끌지만, 운동장에서 하는 체육 시간은 늘 긴장하면서 학생들에게 최소한의 활동만 권유한다. 그러다 보니, 쉬는 시간에 학생들이 운동장에 나가서 노는 것은 절대 허용하지 않는다. 혹시 선생님의 감독 없이 운동장에서 놀다가 안전사고가 나면 큰일이니까.

권 선생님은 학교의 규범을 중시하여 스스로 그것을 지키고 학생들에게도 지킬 것을 강요한다. 학생들이 규범을 어길 때는 그에 해당하는 벌칙을 주어서라도 반드시 정해진 규칙을 지키도록 하고, 그것이 학교가 원만하게 잘 운영되는 방법이라고 생각한다.

늘 긴장하고 살지만, 그래도 이때까지 그럭저럭 별 탈 없이 학교생활을 해 온 권 선생님을 화나고 당황하게 만드는 학생이 있었으니, 권 선생님 반의 "나대로"라는 학생이다.

나대로는 권 선생님이 보기에 너무 개성이 강하다고나 할까? 수업 시간에도 창밖을 보면서 다른 생각을 하는 모습이 눈에 띄고, 선생님의 질문에 엉뚱한 답을 하거나, 아예 대답하지 않았다. 그리고 체육 시간에 모두 입는 체육복을 입지 않고 다른 운동복을 입고 있는데, 그 이유는 남들과 같아지기 싫어서란다. 그리고 권 선생님이 부여한 숙제를 잘 해오다가도 별다른 이유 없이 숙제를 안하고, 그런 기간이 일주일간 지속되기도 하였다. 나대로 학생의 이런 행동들은 일종의 반항이 아니라 나름의 이유가 있어서이다. 사람의 기분이 항상 일정할 수 없는 법. 어떤 날은 숙제를 하고 싶은 날이 있고, 어떤 날은 여러 가지 복잡한 생각과 침체된 기분에 학교 숙제를 하기 싫은 날이 있으며, 학교에서 획일적으로 지켜야 하는 규칙쯤은 좀 무시해도 된다는 생각을 하고 있다. 그리고 이 세상은 생각해 볼 것, 느낄 것이 너무나 많으므로 수업 시간에 칠판만 바라보고 있는 것도 무의미하다고 생각한다.

그렇다고 나대로 학생이 드러나게 반항적이거나 문제행동을 보이는 것은 아니다. 학급 친구들과 사이가 좋고 인기가 있으며, 선생님에게도 상냥하고 학교 성적도 좋은 편이다. 나대로 학생은 권 선생님에 대해 특별히 반감은 없지만, 수업 내용이 너무 교실에서만 이루어지고 체육활동을 비롯한 다양한 바깥활동을 제한하는 점이 마음에 안 든다. 운동장에 나가면 화단의 꽃과 벌레들을 보면서 느낄 것도 많고, 바람의 기운이나 햇살을 받으면서 기분전환을 할 수 있는데, 선생님은 무조건 교실 안에서만 지내라고 하니 답답하다.

학교에서 정해진 규범에 순응하며 따라야 한다고 생각하는 권 선생님과, 개개인의 개성과 욕구를 생각하지 않고 무조건 정해진 규범에 따르는 것은 무엇보다 싫다는 나대로 학생 사이에 갈등이 생길 수밖에 없다. 권 선생님은 나대로 학생이 자신의 권위에 도전한다고 생각하여 엄하게 야단치고 벌을 주기도 하지만, 그럴 때마다 학생은 더욱 대답도 하지 않고 자기 세계 속에 사는 듯, 선생님을 외면한다.

– 사례 3

여장부 엄마(8형)와 고래심줄 아들(9형)

이 세상은 치열한 전쟁터라 생각하여, 자식을 키우는 것은 삶의 전쟁터에서 싸워 이길 강한 군사를 키우는 것과 같다고 여기는 8형의 엄마, 강자씨는 외아들 평안이를 키우는 일에 헌신적이다. 도전적이고 화통한 성격으로 인해 동네에서는 여장부라 불리고, 아들의 학교에서는 운영위원장을 도맡아 하면서 선생님들과 학부모들을 좌지우지한다. 그래도 강자 씨가 운영위원장을 수년간 해오면서 학교의 면학 환경이 깨끗해지고, 학생들을 위한 편리 시설들이 많이 생겼다. 사람들은 강자 씨를 보고 '없으면 있게 만드는 사람'이라며, 그의 추진력을 높이 샀다. 강자 씨가 이렇게 아들의 학교에서 열심히 활동하는 것은 모두 외아들 평안이를 위해서다. 학교에서 엄마가 힘 있는 자리에 있어야 친구들이나 선생님들이 평안이를 무시하지 않으리라 생각한 것이다.

그녀는 평안이가 어릴 때부터 자신이 만들어 놓은 생활 스케줄에 따르게 했다. 피아노, 태권도, 미술, 영어, 수학 등 하루가 모자라게 평안이의 스케줄은 짜여 있다. 강자 씨는 이 모든 것이 경쟁 사회에서 살아남기 위한 최선이라며 자부한다. 다행히 평안이는 엄마의 지도에 대해 거부도 이의도 제기하지 않으면서 묵묵히 따랐고, 학교에서도 누구나 좋아하는 착한 아이, 듬직한 아이로 자랐다. 사실, 마음속으로는 친구들과 농구도 하고 싶고, PC방에 가서 게임도 하고 싶었지만, 엄마가 이 사실을 아시면 틀림없이 흥분하면서 한참 설교를 늘어놓을 것 같아서 그냥 포기했다.

엄마의 집요한 잔소리는 평안이에게는 너무 귀찮은 스트레스다. 평안이가 7세 때의 일이다. 놀이터에서 다른 친구와 놀다가 실수로 친구를 쳤는데, 그 친구가 울었다. 그래서 평안이가 그 친구에게 얼른 사과를 했는데, 이 광경을 멀리서 본 평안이의 엄마가 달려와서 평안이에게 친구를 때렸느냐고 물었다. 평안이는 엄마로부터 야단을 맞을까 봐 아니라고 했지만 엄마가 계속 따져 물었다. '때리지도 않았는데, 왜 네가 사과를 하냐, 너는 바보냐, 그렇게 남에게 지고 살아서 어쩌자는 것이냐'면서, 한 말을 또 하고 또 하고 반복하였다. 주위에 누가 있든 상관없이 평안이에게 퍼부었다. 이런 엄마의 모습에 익숙했던 평안이는 '그냥 됐다'며 그만하라고 엄마를 피해 다른 곳으로 가버렸다.

평안이는 엄마의 열성적인 학습 지도 – 학원과 과외선생, 인터넷 학습 등 – 를 따라 공부했으나 수능 성적이 기대만큼 잘 나오지 않는다. 사실 평안이는 엄마 눈치를 보며 공부를 하는 척만 했다. 자기가 하고 싶은 분야도 특별히 없고 그렇다고 엄마가 원하는 의대에 가는 것은 도저히 자신이 없다. 그래서 목표의식 없이 그냥 멍하게 책상에 앉아 있는 시간이 많다. 엄마에게 야단맞지 않으려고 대충 따라 하기는 했으나 별로 공부에 흥미도 없고 자신도 없어 엄마가 기대했던 만큼의 성과를 내지는 못한다. 엄마는 이런 성적으로는 좋은 대학의 의과대학에 못 간다면서 이때까지 부은 엄마의 열정이 다 어디로 갔느냐며 불같이 화를 냈지만, 평안이는 아무 생각이 없다. 그래도 엄마는 포기하지 않고, 평안이의 성적에 맞추어 갈 수 있는 의대에 무조건 원서를 냈다. 결국 의과대학에 합격하여 등록을 했다. 평안이는 그때까지 그냥 엄마가 시키는 대로 하였으나 마음속으로는 의사가 되려는 생각이 전혀 없다.

학교에 입학하여 평안이는 학교 가는 척만 하고, 정작 학교는 가지 않으면서 이전에 못 가본 PC방에 다녔고, 용돈을 모아 홀로 떠나는 여행을 계획했다. 여기저기 다니는 여행보다는 어디 깊은 산속 암자에 묵으면서 마음을 닦는 그런 여행을 하고 싶었다.

한 학기가 지나갈 즈음, 강자 씨는 학교로부터 출석 미달, 시험 불참 등의 이유로 평안이의 퇴학 경고장을 받고는 하늘이 무너지는 충격을 받았다. 평안이를 불러 물어보지도 않고 무작정 흠씬 두들겨 팼지만 분이 풀리지 않았다. 평안이는 엄마가 때리는 것을 피하지 않고 온몸으로 맞았다. 그리고 다음날 쪽지 한 장을 써 놓고 집을 나가 버렸다. 오랫동안 마음에 품고 있던 여행을 위해…….

그룹토의

1. 각 유형을 골고루 섞은 토의 그룹을 만들어, 자기가 겪고 있는 인간관계 속에서의 갈등사례를 발표한다. 이중 한 사례에 대해 그룹원들이 다음 사항을 토의한다.

- 당사자의 에니어그램 상 유형

- 갈등 대상자의 에니어그램 상 유형

- 두 사람간의 갈등이 일어나는 이유

- 사례 당사자가 갈등 대상자에 대해 이해하는 방법과 대처 방법

2. 위의 사항을 충분히 토의한 후 각자의 사례와 토의 부분, 자신이 생각하는 대처 방안을 보고서로 작성한다.

다음 수업을 위한 과제

- 부록 : 〈의사소통 방식〉 작성하기
- 부록 : 〈자기주장 척도〉 작성하기

CHAPTER 04

의사소통의 개요 (수업 5주차)

CHAPTER 04 의사소통의 개요(수업 5주차)

단원의 목적

대상에 따른 자신의 의사소통 방식을 이해하고 의사소통에 방해가 되는 요인들을 성찰한다.

성취목표

1. 대상에 따라 달라지는 자신의 의사소통 방식을 파악하고 설명한다.
2. 효율적인 의사소통을 방해하는 요인을 설명할 수 있다.
3. 소통에 방해가 되는 해석의 틀을 인식하고 객관적인 해석능력을 증진한다.

1. 의사소통의 네 가지 방식

일상생활에서 자신의 생각, 감정, 원하는 것을 이야기할 때 우리는 다양한 방식으로 표현한다. 직접 말하기도 하고, 편지를 쓰거나 예술적인 도구를 사용하기도 한다. 이 중 상대에게 직접 말하는 방식을 자세히 살펴보면 일반적으로 네 가지로 나눌 수 있는데 그것은 수동적, 공격적, 수동 공격적, 주장적인 방식이다. 우리는 전적으로 수동적이지도, 공격적이지도, 주장적이지도 않다. 이 네 가지 방법을 모두 동원하여 의사소통을 한다. 다만 어떤 사람에게는 수동적인 의사소통을 하며, 어떤 사람에게는 주장적이고, 어떤 사람에게는 공격적인 의사소통을 보인다. 또 어떤 사람에게는 수동공격적인 방식으로 자신을 표현한다. 그 대상과의 인간관계가 어떠한가, 내가 그 대상을 어떻게 생각하는가에 따라서 대상을 대하는 방식이 달라진다. 이 장에서는 네 가지의 의사소통 방식이 어떻게 다르며, 각각에 자리 잡은 중심 생각이 무엇인지를 살펴볼 것이다.

그리하여 자신이 수동적, 공격적, 수동공격적으로 대해 왔던 대상과의 인간관계가 주장적이고 긍정적인 의사소통을 하는 인간관계로 바뀜으로써 편안하고 도움이 되는 대인관계를 만들어 나가기를 바란다.

1) 수동적인 의사소통 방식

수동적인 의사소통 방식은 다음의 양상으로 의사소통하는 것이다.

- 목소리가 작고 웅얼거린다.
- 시선을 아래로 두거나 상대와의 눈 맞춤을 피한다.
- 자신의 생각을 이야기하기를 꺼린다.
- 주변적인 이야기만 하면서 이야기의 요점을 말하기를 피한다.
- 다른 사람에게 도움을 요청하지 못하고, 거절도 하지 못한다.
- 다른 사람에게 화를 내지 못하고 혼자서 속상해한다.
- 자신이 실수하는 것을 두려워한다.
- 다른 사람의 칭찬을 불편하게 받아들이고 어떻게 대응할지 몰라 망설인다.
- 자신이 원하는 것을 정확히 모르거나, 알고 있다 하더라도 표현하지 못해 결국 다른 사람에게 자신의 바람과 권리를 빼앗긴다.
- 자신이 목표하는 것을 성취하지 못하여 우울해하고 좌절한다.
- 다른 사람의 목적 달성에 이용당한다.
- 자신을 위한 선택을 남에게 맡긴다.

질문. 이 외에 자신이 경험한 수동적인 의사소통 방식에 어떤 양상이 있는지 살펴보자.

수동적인 의사소통을 하는 사람에게 숨겨진 생각은 다음과 같다.

- 수동적인 의사소통을 하는 사람에게 숨겨진 생각은 다음과 같다.
- 내가 말해 봤자 무슨 소용이 있겠어?
- 나는 내가 원하는 것을 성취할 가치도 능력도 없어.
- 내가 뭘 안다고…….
- 괜히 나섰다가 나만 손해 보는 것 아니야?
- 나는 무능해.
- 저 사람들은 나보다 훨씬 잘났으니까…….
- 이런 말했다가 창피당하면 안 되니까 그냥 가만히 있자.
- 내가 원하는 것이 뭐가 중요해?
- 실수하면 남에게 무시당할 거야.
- 도움을 청했다가 거절당하면 어쩌지? 그건 그가 날 싫어한다는 증거야.
- 내가 거절하면 저 사람이 상처를 받고 날 미워하겠지?

질문. 이 외에 수동적인 의사소통을 하는 사람의 생각에는 어떤 것이 있는지 생각해 보자.

2) 공격적인 의사소통 방식

공격적인 의사소통 방식은 다음과 같이 의사소통하는 것이다.

- 눈을 치켜뜨고 상대를 노려본다.
- 목소리가 크고 말의 속도가 빠른 편이다.
- 다른 사람의 말을 들으려 하지 않고 자기 말만 한다.
- 욕이나 비속어 등을 자주 사용한다.
- 다른 사람의 말을 중간에 끊는다.
- 방어적이고 호전적이며 폭발적이어서 행동을 예측하기가 어렵다.
- 다른 사람을 업신여기고 핀잔을 준다.
- 다른 사람에게 명령하고, 뜻대로 되지 않으면 화를 내거나 위협한다.
- 다른 사람의 권리를 침해하면서까지 자신이 목적하는 것을 이루려 한다.
- 다른 사람을 이용하고 희생시켜 자신의 목표를 달성한다.
- 다른 사람의 선택에 참견한다.

질문. 이 외에 공격적인 의사소통 방식에는 어떤 것이 있는지 살펴보자.

공격적인 의사소통을 하는 사람에게 숨겨진 생각은 다음과 같다.

- 내가 원하는 것만 중요해.
- 저 사람이 뭘 알겠어?
- 나만 잘났지.
- 어떻게 감히 나를 무시하고 이렇게 대접할 수 있어?
- 나 외의 다른 사람은 전혀 중요하지 않아.
- 남이야 상처받든 말든 그건 내게 전혀 문제가 안 돼.
- 무조건 나에게 복종시켜야 해.
- 저 사람은 무시해도 돼. 나한테 아무 피해도 없어.

질문. 이 외에 공격적인 의사소통을 하는 사람의 생각에 어떤 것이 있는지 생각해 보자.

3) 수동공격적 의사소통 방식

수동공격적 의사소통 방식은 겉으로는 수동적인 것처럼 보이지만, 사실은 이면에 공격적인 모습을 하고 있어 상대방을 화나고 당황하게 한다.

- 시선은 아래를 보면서 상대와의 눈 맞춤을 하지 않는다.
- 다른 사람이 지시하는 것에 반응하지 않는다.

- 다른 사람의 말에 무표정하다.
- 상대의 앞에서는 아무 말도 하지 않다가 뒤에서는 그 사람의 험담을 하고 투덜거린다.
- 다른 사람이 시키는 것을 거절하지도 않지만, 침묵으로 대처하면서 그대로 시행하지도 않고 버티다 상대방을 화나게 한다.
- 냉소적이다.
- 고집스럽다.
- 자신의 생각을 말하지 않고 상대의 말도 제대로 듣지 않는다.
- 내면에 분노가 가득 차지만 그것을 적극적으로 표현하지 않는다.

질문. 자신과 주변에서 보이는 수동공격적인 의사소통 방식에는 어떤 것이 있는가?

수동공격적인 의사소통 방식을 보이는 사람은 다음과 같은 생각을 한다.

- 너는 실컷 너 하고 싶은 말을 해. 그래도 나는 내 방식대로 할 거야.
- 네가 하는 말은 전혀 나에게 해당하지 않아.
- 괜히 말해서 손해 보지 말고 그냥 입 다물고 있다가 무시해 버리자.
- 모든 것이 다 귀찮아.
- 저 사람은 별로 잘나지도 않았으면서 왜 나한테 이래라 저래라야.
- 왜 나만 이렇게 만만하게 보이고 희생당해야 하는 거지?

질문. 이 외에도 수동 공격적 반응을 보이는 사람은 어떤 생각을 하고 있는지 생각해 보자.

4) 주장적인 의사소통 방식

주장적인 의사소통 방식은 지향해야 할 것으로, 긍정적인 의사소통 방식이라고도 한다. 주장적이라는 것은 다른 사람의 권리를 침해하지 않고 자신의 생각, 감정, 원하는 것을 표현하는 것이다. 나의 권리와 상대방의 권리를 동시에 존중하는 바람직한 의사소통 방식이다.

여기서 '권리'는 의사소통을 할 때의 권리로서, 실수를 할 권리, 거절할 권리, '아니오'라고 말할 권리, 요청할 권리 등을 포함한다. 나의 이러한 권리를 존중하면서 상대의 권리도 함께 존중하는 것이 주장적인 소통이다. 예를 들어 내가 실수할 권리를 존중받고 싶어 과감한 시도를 할 수도 있지만, 상대가 실수했을 때 그 권리를 인정하고 비난하지 않는 것이다. 또 내가 거절할 권리를 존중받고 싶은 만큼 상대가 거절하더라도 분노하거나 서운해하지 않고그의 거절의 권리를 존중하는 것이 주장적인 소통이다.

- 상대방과의 눈 맞춤을 적절히 한다.
- 목소리는 또렷하고 크기도 적당하며 안정되어 있다.
- 말하고자 하는 것과 얼굴 표정, 제스처가 적절하다.

- 다른 사람에게 요청하고, 거절하고, 사과하는 것을 잘한다.
- 다른 사람의 말을 끝까지 듣고 반응한다.
- 다른 사람의 생각을 존중하면서 자기의 생각을 밝힌다.
- 다른 사람에게 공감적인 표현을 한다.
- 다른 사람에게 상처 주지 않고 자신의 목표를 성취한다.
- 자신의 권리를 보호하고 타인의 권리도 존중한다.
- 자신에 대해 좋은 감정을 가지며 자신감이 있다.
- 타인과의 관계에서 편안함을 느낀다.
- 자신을 위한 선택을 한다.

질문. 이 외에 주장적인 사람의 모습에는 어떤 것이 있는지 살펴보자. 또 당신의 자기주장성 정도를 점검하기 위해 〈부록5〉의 '자기주장 척도'를 체크 해보자.

주장적인 의사소통을 하는 사람의 생각은 다음과 같다.

- 나의 권리 못지않게 다른 사람의 권리도 중요해.
- 저 사람의 말에도 일리가 있어.
- 나는 존중 받을 가치가 있고 충분히 잘하고 있어.
- 다른 사람이 나의 요청을 거절해도 그건 내가 싫어서가 아니라 여건이 안 되어서 그런 거야.
- 남에게 도움을 청하는 것은 창피한 것이 아니야.
- 남이 나를 인정해 주니 기분이 좋아.
- 사람은 누구나 실수를 해. 하지만 같은 실수를 반복하지 않도록 조심하자.
- 나는 내가 원하는 것을 가질 가치가 있어.
- 나는 내가 무엇을 원하는지 잘 알고 있어.
- 다른 사람도 각각 장점이 있고, 목표를 향해 나아갈 가치가 있어.

질문. 여러분이 주장적인 사람이라면, 어떤 긍정적인 생각을 하고 있는지 살펴보자

앞에서 우리는 수동적, 공격적, 수동공격적, 주장적인 의사소통 양상과 그 밑에 깔린 생각에 대해 살펴보았다. 이에 비추어 자신을 돌이켜볼 때, 주로 어떤 방식으로 의사소통을 하는지를 알 수 있을 것이다. 그런데 앞에서도 말했듯이 우리는 전적으로 수동적/공격적/주장적이라고 단정할 수 없다. 대부분 사람에게 수동적인 모습을 보이더라도 특정 사람에게는 공격적인 모습을 보일 수 있고, 다른 사람에게는 나의 주장을 적절히 표현할 수도 있기 때문이다. **그것은 나와 그 상대방과의 관계가 어떤가에 따라서 달라진다.** 그러므로 내가 주장적이지 못한 의사소통 양상을 보이는 사람과의 관계가 어떤지를 살펴보면 그 사람과의 관계에서 드러나거나 드러나지

않은 불편함을 발견할 수 있을 것이다.

또 그런 불편한 관계의 대상과 보다 주장적으로 의사소통하려고 노력하면 그 사람과의 관계가 개선되는 것을 경험할 수 있다.

다음은 대상에 따라 달라지는 의사소통 방식에 대한 예이다.

내 친구 영희는 무척 착하다. 좀처럼 화내지도 않고, 무슨 결정이든 내가 하는 대로 따라 주고, 나의 부탁을 거절하지도 않는다. 나는 이 친구와 함께 있으면 편하고 든든하여 학교에서 대부분 시간을 같이 보낸다. 점심 메뉴도 항상 내가 선택하였고, 도서관 자리도 내가 부탁하면 언제든지 대신 잡아 준다. 영희는 자신의 의견을 말하는 일이 거의 없이 내가 하는 것에 무조건 웃으면서 따라 준다. 그러다 보니 점점 내가 영희를 만만하게 생각하는 것 같다. 영희는 화를 내지 않기에 나는 짓궂은 농담을 하거나 엉뚱한 화풀이를 영희에게 하기도 하고 말투는 점점 명령조로 바뀌었다. 다른 사람에게는 예의도 잘 갖추고, 상냥하며, 내 생각을 상대에게 기분 나쁘지 않게 잘 말한다. 그러나 영희에게만은 다그치거나 짜증 섞인 말투로 변해 버린다. 또 영희가 망설이거나 자기 얘기를 하지 않는 모습에 답답하여 다그치기도 한다.

그러던 어느 날, 나는 과제 때문에 자료 좀 구해 달라고 영희에게 요청(거의 명령에 가까운)을 했다. 그런데 영희가 자기 과제 때문인지 조금 곤란한 표정을 지으며 선뜻 대답하지 않았다. 나는 상당히 기분이 상하여 그런 그녀의 태도에 대해 서운함을 느끼고 화가 났다. 내 부탁인데 그 정도도 못 해 주느냐면서 한마디 쏘아붙이고는 뒤돌아와 버렸다.

기분이 상하여 집에 와 보니 아버지께서 퇴근해 계셨다. 아버지께서는 무척 완고하고 엄하셔서 어머니나 자식들이 당신께 좀처럼 말을 건네기가 어려웠다. 늘 우리들의 고칠 점을 찾아서 훈계하시고 우리들의 생각은 말할 기회를 안 주셨다. 그래서 아버지께는 말이 안 통하므로 그냥 듣고만 있다가 염두에 두지 않고 흘려버리게 된다. 오늘도 아버지는 내가 집에 들어서는 것을 보시더니 나의 옷차림에 대해 한마디 하셨다. 한여름이지만 소매 없는 옷을 입고 다니는 것이 단정하지 못하다며 여러 번 반복해서 말씀하시는데, 나는 아무 말도 못하고 눈물만 보이다 방으로 들어가 버렸다. 그러고는 괜히 영희에게 문자 메시지를 보내서 "너 혼자 숙제 잘해서 좋겠다. 얌체 같으니! 이제 너랑 절교야!"해 버렸다.

질문. 이 사례의 주인공은 어떤 대상에게 어떤 의사소통방식을 보이는가?

그룹토의

우리는 위의 예에서 상대방과의 인간관계에 따라 각기 다른 의사소통 방식을 보임을 알 수 있다. 이제 자기 자신을 돌아보면서, 어떤 대상에게 네 가지 의사소통 방식이 각각 나타나는지 '의사소통방식'(부록 참고)을 체크 하면서 그 대상을 내가 어떻게 생각하고 있는지를 깊이 살펴보고 그룹원들과 토의한다.

2. 의사소통의 방해요인

이 세상의 모든 것은 소통을 필요로 한다. 기본적으로 우리는 나 자신과의 소통을 원하며 가까운 가족이나 친구들 그리고 사회에서 만나게 되는 사람들과의 소통을 원한다. 소통이 일어난다는 것은 서로 간에 이해가 일어난다는 뜻이며 이해가 일어날 때 사람들은 인정받는다는 느낌과 존중받는다는 느낌을 얻고 이 느낌의 충족을 통해 행복을 느낄 수 있다. 반대로 소통에 문제가 생겼을 때 우리는 답답함과 분노를 느끼며 쉽게 좌절감에 빠지게 되고, 버림받은 느낌과 거리감 또는 이해받지 못하는 느낌을 가지게 된다. 이것은 삶에 큰 스트레스로 작용한다.

특히 상담과 같은 내면의 깊은 대화를 이끌어야 할 때, 의사소통의 방해요인들을 점검하고 극복하지 못하면 상담의 목적을 달성하기 어렵게 된다. 여기서는 타인과의 효과적인 의사소통에 방해가 되는 요인들을 상담을 해주는 상담자 측면, 상담을 받는 대상자 측면, 환경적 측면으로 구분하여 설명할 것이다.

1) 상담자 측면의 장애요인

① **의사소통 기술의 결여** : 의사소통 기술은 그 중요성을 인식하고 부단한 노력과 많은 경험을 통해 이루어지는데, 의사소통 기술 향상을 위해 적극적인 노력을 하지 않는 경우 효과적인 의사소통이 이루어질 수 없다.

예) 상담자가 말을 빠르게 하고 목소리가 작으나, 이를 타고난 경향이라 단정하고 개선할 노력을 하지 않아 대상자가 치료자의 말을 알아듣기 어려워한다.

② **선입견과 고정관념** : 상담자의 선입견은 메시지를 간과하게 하며, 고정관념 또한 지각된 메시지에 잘못된 해석을 내리게 한다.

예) 비행 청소년과 면담을 하는 상담자가 청소년 비행에 대한 부정적인 선입견이 강하면, 대상자의 이야기를 귀담아 듣지 않고 그의 입장을 이해하지 않으면서 무조건 비판하고 훈계하게 된다.

③ **개인이 가지는 인격의 특성, 심리적 복잡성** : 상담자에게 성격적인 어려움이나 내적 갈등이 있을 경우 대인관계가 억제되어 의사소통의 장애 요인이 된다.

예) 상담자가 부부싸움을 하여 힘든 상태에서 상담을 하게 된 경우, 대상자의 호소에 집중하지 못하고 심한 경우 자신의 감정을 대상자에게 투사하여 오히려 냉정하거나 흥분할 수 있다.

④ **평가적이며 비판적인 태도** : 상담자의 반응이 평가적이고 비판적일 때, 대상자가 말하는 핵심은 간과하고 대상자의 자유로운 의사 표현을 방해한다.

예) 대상자가 부모와의 갈등을 말할 때 치료자가 누구의 잘못인가부터 판단하려 한다면 그 대상자는 상담자로부터 야단맞을까 봐 자신의 이야기를 솔직하게 말하지 못한다.

⑤ **다른 직무로 인한 압박** : 일에 밀려서 바쁘면 눈앞에 놓인 일부터 먼저 다루게 되고 다른 사람과의 의사소통에 관심이 적어질 수 있다.

예) 간호사가 업무 교대시간이 다 되어서 정리해야 할 일이 많은 상황에 대상자가 우울한 표정을 지으며 면담을 요청할 때, 간호사는 자신의 일정으로 인해 면담을 미루게 된다.

⑥ **언어의 장애** : 언어가 점점 분화되어 의사소통이 어려워질 수 있으며, 전문용어나 약어의 사용이 장애요인이 될 수 있다.

예) 대상자에게 생소한 'acting out(내적 갈등을 행동화하는 것)', 'PD(personality disorder, 인격장애)'등의 용어를 거리낌 없이 사용하여 대상자가 이해하지 못한다.

⑦ **방어적인 태도** : 자신에 대한 타인의 느낌을 받아들이지 않는 태도이다.

예) 대상자가 상담자에 대해 불편함을 드러내는데, 이를 인정하지 않고 대상자의 성격적인 문제로만 돌린다.

⑧ **잠재적 의도** : 자신의 욕구나 목적에 따라 의식적, 무의식적으로 대화를 이끌어 가는 경우를 말한다.

예) 상담자가 이미 대상자의 심리적 동기를 자기 생각만으로 예상해 놓고, 그에 맞추어 대상자와의 대화를 유도한다.

2) 대상자 측면의 장애요인

① **과거의 경험** : 자신의 과거 경험 때문에 메시지를 왜곡하여 받아들이는 경우로, 대화의 단절을 초래한다.

예) 상담자가 "당신이 힘들어하는 부분에 대해 말해 주세요"라고 하였을 때, 대상자가 "그렇게 말해 놓고 나중에 다른 사람들한테 다 떠벌려서 나를 창피하게 할 거죠? 예전의 상담자도 그랬어요."라고 불신한다.

② **선입견과 고정관념** : 선입견으로 인해 메시지를 거부하거나, 불확실한 정보나 편견으로 형성된 고정관념 때문에 속단하고 말하기를 단념함으로써 의사소통의 단절이 오게 된다.

예) 청소년의 경우 '어른들은 다 똑같다'는 선입견으로, 말을 꺼내면 자기를 이해하지 못하고 야단 칠 것 같아 상담자에게 아무 말도 하지 않는다.

③ **자기노출에 대한 두려움** : 자기를 노출했을 때 상대방으로부터 거부당할 것이라 예상하면

의사소통이 원활하지 못하게 된다.

예) 사람들을 향해 욕하고 때리고 싶은 마음이 있는데, 이것이 알려지면 자신이 비난받을까 봐 솔직히 말하지 못하고 상담자에게 늘 온순하고 예의 바른 모습만 보이게 된다.

④ **'여기, 지금(Here and Now)'의 의미가 결여됨** : 의사소통을 흔하게 방해하는 장애물 중의 하나가 현재의 이야기는 회피하면서 과거, 다른 곳, 타인 등에 대해서만 이야기하는 것으로, 이 경우 대화가 실감나지 않고 친밀감을 느낄 수 없게 된다.

예) 대상자가 현재의 자신의 문제보다는 과거에 상처받았던 것만 반복적으로 언급하거나 자신의 느낌보다는 다른 사람의 반응에 초점을 맞추어 대화의 초점을 흐린다.

⑤ **지각의 장애** : 지각의 장애가 있는 대상자는 오해하거나 상처를 받기 쉽다.

예) 청각에 이상이 있어서 잘 알아듣지 못하는 사람이 상대가 자기를 이해시키지 못하고 무시한다고 오해하여 화를 낸다.

⑥ **표현능력과 이해능력의 부족** : 대상자에게 의사소통의 기술과 이해능력이 부족한 경우 의사소통이 잘 되지 않는다.

예) 대상자의 어휘력이 부족하여 자신의 복잡한 감정을 말로 표현하지 못하고 무조건 화를 내거나 공격적인 행동을 앞세우게 된다.

⑦ **무의식적인 의도** : 메시지를 객관적으로 받아들이지 못하고 자신의 자아 개념에만 일치되게끔 메시지를 선택적으로 받아들이거나 왜곡하여 받아들이는 경우이다.

예) 타인이 해주는 칭찬만 귀담아듣고, 충고는 자신을 잘 몰라서 함부로 말하는 것이라 여기고 무시한다.

3) 환경적 측면의 장애요인

소음, 기온, 분위기 등 외적인 것들이 메시지의 전달을 방해할 수 있다.

예) 너무 더운 날씨, 여러 사람이 오가는 개방된 공간, 창밖의 공사현장 소음 등

3. 해석의 틀 바꾸기

앞에서 우리는 의사소통을 방해하는 일반적인 요인들을 살펴보았다. 다음은 의사소통을 방해하는 중요한 요인으로서, 타인에 대한 이해를 부족하게 만드는 자기 생각을 점검하고 이를 수정함으로써 보다 효율적이고 성숙한 의사소통을 할 수 있도록 몇 가지 연습들을 제시할 것이다.

1) 인간관계에 대한 인지적 접근

정신적으로 건강한 삶이란 생각과 행동과 감정의 균형을 유지하고 있을 때이다. 이 세 가지 요소는 서로 긴밀하게 연결되어 있다. 부정적인 생각을 하면 우리의 감정은 우울하고 무기력해지며, 행동은 위축되고 비자발적이게 된다. 또 기분이 이유 없이 가라앉을 때면 사고는 부정적인 방향으로 흐르게 되고, 행동해야 할 부분에서도 게으름이나 미루기가 시작되는 것이다. 즉 생각 · 행동 · 감정은 함께 움직이는 마음의 요소라고 할 수 있다.

인지적 접근이란 이 세 가지 마음의 요소 중 생각이 영향을 미치는 부분에 중요성을 두고 있다. 사람이 어떻게 느끼고 행동하는가는 어떤 생각을 가지고 있냐에 따라 달라지므로 생각을 점검하고 바꾸어 감정과 행동을 조절하려는 접근이다. 인지적 접근에서는 인간관계에서의 갈등에 대해 상대방의 행동과 상황을 내가 어떻게 해석하느냐에 따라 나의 감정과 관계 맺기 행동이 달라진다고 설명한다. 그러므로 상황에 대한 내 생각과 해석을 살펴보고 수정함으로써 불쾌한 감정, 관계를 악화시키는 행동으로부터 벗어 날 수 있다.

2) 인지재구조화

인간관계에서 타인과 소통할 때 내가 가진 판단과 경험만을 기반으로 대화를 한다면 우리는 상대의 느낌을 있는 그대로 인정하기 어렵다. 즉 상대의 이야기를 듣고 공감하는 것이 아니라 내 안에 있는 생각과 맞는 것만 받아들이고 아닌 것은 판단하고, 충고하는 선택적인 소통을 하게 되는 것이다.

이 장에서의 인지 재구조화 연습은 인간관계의 실제 상황들을 객관적으로 돌아봄으로써 그 상황과 사람과의 소통에 영향을 끼쳤던 생각이 무엇이었는지를 발견하고, 그 생각들로 인해 일어났던 감정들을 새로운 관점에서 해석하도록 도울 것이다. 즉 자기의 해석의 틀을 바꾸는 작업을 함으로써 이전과는 다른 상황 해석 및 대처를 할 수 있을 것이다.

다음은 인지 재구조화 작업의 사례이다. 이 사례를 한 단계씩 밟아가면서 해석의 틀이 바뀌는 과정을 살펴보자.

(1) 상황에 대한 나의 생각과 느낌 확인하기

눈을 감고 잠시 일주일 동안의 일들을 돌아본다. 일주일 중에 혹은 최근에 감정적인 반응을 일으켰던 상황을 떠올려 본다. 그리고 그때의 상황을 사실, 생각, 느낌으로 구분해서 적어 본다 (표4-1)

표 4-1 상황에 대한 사실/생각/느낌의 표

구분	내용
사실	모든 여행 계획이 끝난 후 갑자기 친구 한 명이 연락 와서 여행을 갈 수 없게 되었다고 이야기함
생각	"경비도 모두 분담했는데 어떻게 해결하지?" "자기 상황만 중요하고 우리 상황은 별로 신경 쓰지 않는 것 같아" "항상 핑계가 많고 별로 믿을 수 없는 친구야" "너무 이기적인 것 같아. 다시는 이 애랑 엮이고 싶지 않아" "우리가 만만하니까 이렇게 쉽게 약속을 깨는군."
느낌	"당황스럽다" "짜증이 난다" "무시당한 것 같아 기분 나쁘다" "우울하다 "

질문 1. 어떤 상황이 당신에게 감정적 반응을 일으켰나요? 편하게 이야기해 봅시다.

여행을 가기로 약속한 친구들 일곱 명이 있었는데 갑자기 친구 한 명이 여행 전날 전화를 해서 급한 일 때문에 갈 수 없게 되었다고 했다. 이미 장소도 예약했고 음식도 장을 본 상태였으며, 그 친구가 빠지면 회비도 부족하게 된다. 그런데 그는 갑자기 약속을 바꾸면서도 별로 미안해하지 않는 것 같다. 괜히 모든 책임을 맡은 나만 힘들어져서 짜증이 나고 그 친구가 무책임하다는 생각 때문에 화가 났다. 다시는 그 친구와 여행 가는 일은 없을 것이다. 그리고 이런 계획을 짜는 데 있어 앞으로 절대 나서지 않겠다.

질문 2. 이 상황을 사실 / 생각 / 느낌으로 구분해서 말해 봅시다.

① 사실은 무엇인가요?

친구들과 여행을 계획하고 음식과 장소 준비를 이미 끝냈는데, 친구 한 명이 여행 전날 전화하여 급한 일이 생겼다며 여행을 갈 수 없다고 얘기했다. 그 친구가 빠짐으로써 회비가 부족하게 되었다.

② 이 상황에 대한 당신의 생각은 무엇입니까?

친구가 너무 무책임하다. 여행은 미리 계획되어 있던 것인데 갑자기 자기 멋대로 변경해 버리는 것에 화가 난다. 친구들끼리의 여행은 별로 중요한 것이 아니라고 생각하는 것 같다. 왠지 좀 무시당하는 기분이다. 난 자기 멋대로 계획을 바꾸는 사람들이 싫다. 다른 사람들을 배려하지 않고 이기적으로 군다는 생각이 든다. 그 친구를 다시 보고 싶지도 않다. 기분이 좋지 않기 때문에 억지로 웃기도 싫다. 내가 왜 이렇게 골치 아파야 하는지 억울하다. 이미 물건도 샀는데 돈이 모자라는 것을 어떻게 채워야 할지 걱정이 된다.

③ 그런 생각을 했을 때 당신의 느낌은 어떠합니까?

화가 난다. 짜증스럽다. 속상하다. 억울하다.

(2) 해석의 틀 바꾸기

상황에 대해 언제나 우리의 생각과 해석이 우리의 감정에 영향을 미치게 된다. 표4-1의 생각 부분에 대해 아래의 세 가지 질문을 던져보자.

특히 내 생각들이 사실인지 아니면 나만의 해석인지를 숙고해보자. 앞에 적은 당신의 생각을 읽어 본 후 자신에게 다시 질문해 보자. 가장 먼저 해야 할 질문은 이 상황에 대한 당신의 생각은 절대적으로 옳은가 이다. 즉 친구가 무책임하고, 친구들을 무시하고, 이기적인 사람인 것이 사실인가? 이 질문에 대한 답은 (예 / 아니오)로만 대답한다.

① 그 해석이 사실인가요? 아니면 당신의 생각인가요?

당신의 해석: "우리가 만만하니까 약속을 깬다. 믿을 수 없는 사람이다"

이것은 사실이 아니고 내 생각이다. 친구가 일부러 우리를 무시하려고 한 것은 아닐 것이다. 이유를 들어 보니까, 엄마가 갑자기 혈압이 올라서 아마 같이 병원에 가야 했다고 한다. 평소에 그 친구가 이렇게 약속을 깬 적은 별로 없었으니까. 이기적이라고 생각한 건 부족한 돈을 채워야 하는 데다 갑자기 일정이 바뀌니까 짜증이 나고 당황해서 그랬던 것뿐이다.

② 만약에 당신에게 그 생각이 없다면 - 이기적이고, 무책임하고, 날 무시하는 친구 - 그 상황이 어떻게 보일까요? : 내가 적은 생각을 지우개로 지워본다. 그리고 다르게 바라본다.

그 친구도 어쩔 수 없는 사정이 생겼을 것이다. 일부러 우리와의 약속을 어긴 것은 아닐 것이다. 그 친구도 무척이나 우리와의 여행을 기대했는데 상황이 이렇게 돼서 속상해하고 있을 것 같다. 사실 그 친구의 책임은 아니다. 아하! 이렇게 생각하니 마음이 훨씬 누그러지는 것 같다.

③ 그 생각이 없는 상태에서 당신의 느낌은 어떻습니까?

화가 나고 짜증이 일어났던 생각을 지우고 나서 "사정이 생겼겠지 급한 일이"라고 바꾸었을 때 올라오는 느낌을 인식해보니, 훨씬 편해졌다. 화가 나는 것 줄어들고 오히려 그 친구가 더 속상할 거란 생각에 미안한 맘이 든다.

이 과정을 거친 후 같은 사실에 대해 바뀐 생각과 느낌을 적어보면 다음과 같다(표 4-2).

당신은 (표 4-1)과 (표 4-2)의 차이점을 발견할 수 있을 것이고, 바뀐 생각과 느낌에 따라 당신의 행동(반응)이 달라짐을 경험할 것이다.

표 4-2 상황에 대한 바뀐 사실/생각/느낌의 표

사실	친구가 갑작스럽게 여행 계획을 취소했다.
바뀐 생각	"말 못할 급한 사정이 생겼구나?" "약속을 지키지 못해서 무척 당황하고 미안해 할것 같다"
바뀐 느낌	"아쉽긴 하지만 친구가 걱정스럽다"

우리는 생각들로 인해 감정적인 고통을 경험한다. 대부분 고통을 일으키는 상황을 다시 돌아보면 우리는 있는 그대로의 상황을 보지 않고 상당히 과장되거나 자기중심적으로 생각하고 있음을 알아차리게 된다. 위의 사례에서처럼 '친구는 이기적이고 날 무시한다'라는 생각을 하게 된다면 관계를 유지하면서 마음에 갈등이 일어나고 고통스러워진다. 그러나 상황에 대해 사실적이고 객관적으로 해석할 수 있다면 우리는 감정적인 갈등으로부터 좀 더 편안해질 수 있을 것이다. 상황 자체가 우리에게 문제가 되는 일은 없다. 그 상황에 대한 관점이 우리에게 상처를 준다는 점을 기억하는 것이 중요하다.

만약 이 사실/생각/느낌의 표를 갈등이 있을 때마다 적어본다면 우리는 인간관계의 다른 상황에서 언제나 비슷한 패턴으로 해석을 하고 있다는 것을 발견하게 될 것이다. 즉 밖에서 일어나는 상황들은 서로 다르지만 나는 나를 불편하게 만드는 해석의 틀을 이미 가지고 있다는 것이다. 이 연습을 통해 내가 고정시켜 놓은 생각들이 무엇인지를 알아차리는 것 또한 불쾌한 감정을 완화하고 인간관계를 개선하는 것에 도움을 줄 것이다.

연습 1 상황에 대한 나의 생각과 느낌 확인하기

위의 사례를 통해 상황에 대해 재해석하는 방법을 학습하였다면, 이제 당신 자신의 실제 상황에 적용해보자. 먼저 상황을 나열한 다음 사실 / 생각 / 느낌으로 나누고 자신에게 세 가지 질문을 다시 던져보자.

질문. 최근 당신을 힘들게 했던 사건을 사실/ 생각/ 느낌 을 구분해서 적어본다.

사실	
생각	
느낌	

연습 2 해석의 틀 바꾸기 연습

질문 1. 해석이 사실인가요? 아니면 당신의 생각인가요?

질문 2. 만약 당신에게 그 생각이 없다면 그 상황은 어떻게 보일까요? 생각을 지우개로 지워봅시다. 그리고 이 생각이 아니라 있는 그대로 해석한다면 어떻게 당신의 생각을 바꿀 수 있을까요?

질문 3. 상황에 대해 새롭게 해석했을 때 당신의 감정은 어떻게 변하였습니까?

당신의 바뀐 생각과 감정을 표에 적어봅시다.

사실	
바뀐 생각	
바뀐 느낌	

이 연습을 통해 관점의 변화를 경험함으로써 우리는 불필요하게 올라오는 고통스러운 감정들을 해결할 수 있으며 상대방에 대한 왜곡된 판단들로부터 자유로워질 수 있다. 상황을 있는 그대로 바라보는 연습은 사실과 내 생각이 뒤섞여 생기는 감정의 소모와 충동적인 행동을 줄여줄 것이다.

CHAPTER 05

의사소통 이론 (수업 6, 7주차)

CHAPTER 05 의사소통 이론(수업 6, 7주차)

단원의 목적

의사소통과 관련한 이론을 이해하고 이를 바탕으로 실생활에서의 의사소통에 적용한다.

성취목표

1. 상호교류 분석이론을 활용하여 타인과의 소통 양상을 인식하고 개선할 수 있다.
2. 사티어의 의사소통유형들이 가진 자원과 한계를 인식하여 일치적 의사소통을 할 수 있다.
3. 타인과의 의사소통 시 비폭력 대화를 활용할 수 있다.

1. 상호교류분석(Transactional Analysis : TA)

상호교류 분석(Transactional Analysis:TA) 이론은 프로이트(Freud, 정신과 의사)의 정신분석 이론과 펠필드(Penfield, 신경외과 의사)의 뇌 연구에 영향을 받아 1957년 에릭 번(Eric bern, 미국 정신과 의사)이 개발한 인간의 행동과 교류에 관한 이론체계이다. 교류 분석이론은 의료적 측면과 정신분석, 자아 심리학, 사회 심리학의 영향을 받아 오늘날 개인과 조직의 성장과 발달을 위해 널리 사용되고 있다.

교류 분석에서 가장 중요한 개념은 '지금 이 순간(here and now)'이며 3가지 철학적 기본 가정이 있다. 첫 번째 가정은 인간은 원래 "I'm OK, you're OK" 의 긍정적 자세를 가지고 태어난다는 것이며, 두 번째 가정은 누구나 스스로 사고할 수 있는 능력을 가지고 태어나고 자신이 내린 결정에 따라 인생을 살아간다는 것이다. 세 번째 가정은 인간은 누구나 자기 운명을 자기 스스로 결정하지만, 인생 초기의 잘못된 결단에 대해서는 새로운 결정을 함으로써 그 결정을 바꿀 수도 있다는 것이다. 즉 교류 분석에서는 과거가 아닌 현재와 타인이 아닌 자신이 바뀌는 것만이 가능하다고 본다. 인간관계 변화를 위해서도 상대방에게 변화를 요구하기보다는 자기와 타인의 자아 상태 및 대화를 분석하여 자신을 변화시키는 방법과 상대의 변화를 알 수 있도록 한다. 그로 인해 왜곡된 인간관계에 빠지지 않고 자기 통제와 책임감, 자율성이 높아지는 성장을 경험할 수 있게 된다.

교류 분석의 주요개념은 4대 이론(자아 구조, 교류방식, 심리 게임, 인생각본)과 3소 이론(스트로크, 시간의 구조화, 인생 태도)이 있다. 주요개념은 다음과 같다.

1) 자아구조

번에 의하면 모든 사람의 자아 구조는 부모(Parent), 성인(Adult), 아동(Child)의 세 가지로 구성되어 있고, 이를 양육적 또는 비판적 부모 자아와 성인 자아, 자유로운 아동 또는 순응적 아동 자아의 5가지 준거로 나누어 자아의 기능을 분석한 것을 기능분석이라고 한다. 이에 대해서는 2장의 '다양한 자기 이해 방법'중 이고그램에서 미리 설명하였다. 이 장에서는 각 자아의 언어적 표현방식을 간단히 정리해보고자 한다;

- 양육적 부모 자아의 표현 : 격려와 위로, 공감적인 표현을 사용한다.
  예) "너가 많이 힘들구나, 언제든 나에게 이야기하렴, 내가 도와줄게."
- 비판적 부모 자아의 표현 : 옳고 그름의 판단에 따른 비판과 지시적인 표현을 사용한다.
  예) "길에서 담배를 피우면 남에게 피해를 주잖아, 그렇게 하지 마!"
- 성인 자아의 표현 : 합리적이고 이성적인 표현을 사용한다.
  예) "제 생각에는 이 프로젝트는 문제가 많아 보이는데, 제가 수정을 해도 될까요?"
- 순응하는 아동 자아의 표현 : 공손하나 순응적, 의존적인 표현을 사용한다.
  예) "죄송해요, 제가 잘못하겠어요, 도와주세요."
- 자유로운 아동 자아의 표현 : 감정적이고 충동적인 표현을 사용한다.
  예) "나는 가기 싫어! 그냥 내키지 않아."

2) 교류방식

교류방식이란 개인이 상대방에게 행동하고 말하는 방식이다. 우리가 어떤 사람과 의사소통을 하고 있다면 우리는 세 개의 자아 상태, 즉 부모, 성인, 아동 자아 상태 중 어느 하나로 말하고 있을 것이다. 즉, 자아 상태 모델(P, A, C)을 이용하여 이러한 타인과의 교류를 분석하는 것을 교류 분석이라고 한다. 이 교류 분석을 통해 대인관계의 갈등에서 의사소통의 문제를 분석하고 개선할 수 있다. 교류 분석에서는 기본적인 대인관계를 위해 상보적 교류, 교차적 교류, 이면적 교류의 세 가지 유형을 제시한다.

① 상보 교류(complementary transaction)

발신된 자극이 예상했던 자아 상태로부터 기대했던 반응을 받는 교류방법이다. 번은 상보적 교류를 건전한 인간관계의 자연스러운 질서에 따르는 적절하고 기대되는 교류라고 정의했다. 즉 두 사람이 서로 바라는 방향으로 사회적 자극에 대한 요구가 채워지기 때문에 별다른 문제가 없는 상호교류 형태이다.

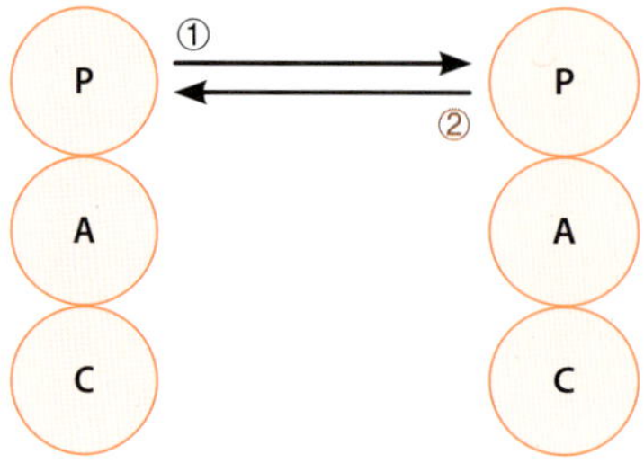

① 엄마: 우리 소통이가 대학가서도 공부하고
아르바이트 하느라 많이 힘들어 해요.

② 아빠: 나도 보니까 그런 것 같아.
우리가 어떤 게 힘든지 이야기도 해보고 도움이
필요한 것이 있는지도 알아보자고.

② **교차 교류**(crossed transaction)

두 사람 사이에 의사소통하는 자아 상태의 불일치 상태를 의미한다. 교차적 교류는 자신이 보낸 자극에 대해 예상치 못한 반응이 돌아올 때 발생한다. 부적절한 자아 상태가 작동할 때 사람 사이의 교류가 교차 되는데 이때 사람들은 서로 화가 나서 등을 돌리고, 다른 방향으로 대화를 바꾸고 움츠러드는 경향이 나타난다.

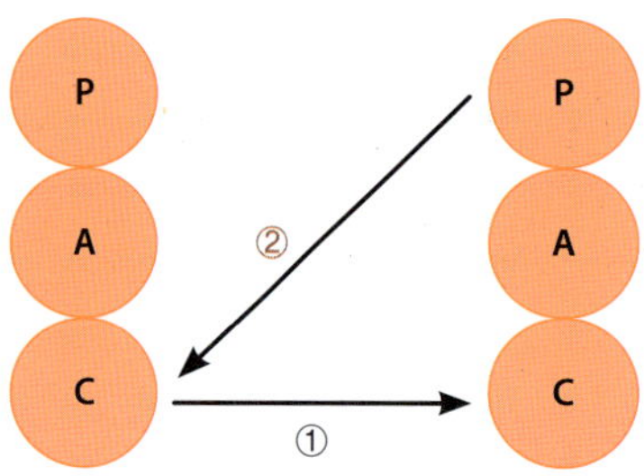

① 남편: 오늘 너무 우울한데 회사 하루 안 가고
근처 공원에 같이 가서 쉴까?

② 부인: 인간아~ 그렇게 생각하면서 사니까
승진도 느려서 이 모양으로 사는 거 아니야.
정신 좀 차리고 회사 가서 일하자.

③ **이면 교류**(ulterior transaction)

한 가지 자극을 가지고 두 가지 반응을 동시에 하는 복잡한 교류 방법으로 두 종류 이상의 자아상태가 동시에 작용하는 이차원적인 교류방법이다. 표면적으로는 지극히 당연해 보이는 메시지를 보내고 있는 것 같으나 그 주된 의도나 욕구 같은 것이 이면에 숨겨져 있는 것이다. 이런 경우, 사회적 수준의 이해와 심리적 수준의 이해가 괴리되어 상호 이해가 어렵다.

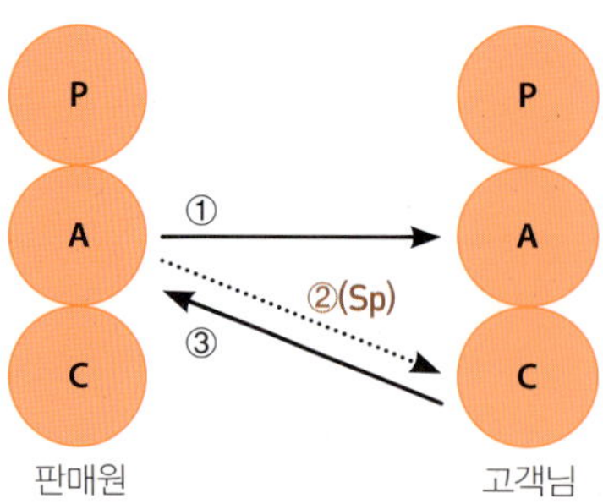

① 판매원: 고객님 , 이 제품은 부담이 되실 수 있으니
이 제품보다 저렴하고 괜찮은 다른
상품으로 보여드릴까요?

② 판매원(심리적 자극) : 자존심을 건드려 놨으니
어린이 같이 안달이 나서
사보시지.

③ 고객님: 그 정도 가격은 예상하고 왔으니
구입하게 물건을 보여주세요.

3) 심리게임

심리 게임이란 겉으로는 상보 교류처럼 보일지라도 이익을 유도하는 이면적 교류이다. 자신의 의도를 숨기고 타인에게 속임수를 쓰는 게임의 결말은 언제나 불쾌한 감정을 맛보게 된다. 사람들은 인생 게임을 통해 자신의 부정 감정을 유지하면서 애정이나 인정을 구하고, 자신의 인생 태도를 반복해서 확인하게 된다.

4) 인생각본

인간은 의식하고 있지는 못하지만 자기 '인생각본(life-script)'에 따라 삶을 꾸려 나간다. 아주 어릴 적에 자기 자신과 타인, 세상에 대하여 내린 결단으로부터 만들어 낸 각본에 집착하고 유지하려 하기에 어떤 각본에 따른 행동을 하는 것인지 분석과 답을 찾는다. 예를 들어 승리자의 각본으로 살아가는 사람은 자신의 목표를 스스로 정하면서 이를 성취하려고 노력한다. 반면 패배자의 각본으로 살아가는 사람은 자신의 실패 경험에 얽매여 그 책임을 타인에게 전가한다. 만약 당신의 인생각본이 패배자, 불행아, 비관적 각본이라면 그것에 대항하는 각본을 다시 정립할 필요가 있다.

5) 인생 태도분석

인생 태도란 사람이 자신과 타인에 대해서 어떻게 느끼고 어떻게 결론을 내리고 있는가를 의미한다. 교류 분석에서는 다음 4가지의 인생 태도를 제시하고 있다.

- I'm not OK, You are OK : 자기를 부정하고 타인만 긍정하여 타인에 의존한다.
- I'm not OK, You are not OK : 자기와 타인을 모두 부정하여 자포자기한다.
- I'm OK, You are not OK : 자기만 긍정하고 타인을 부정하여 독선적으로 행동한다.
- I'm OK, You are OK : 자기와 타인을 모두 긍정하여 생산적인 관계 맺기를 한다.

이러한 인생 태도는 태어나 자라면서 자기부정-타인긍정으로 시작하여 성인이 되면 자기 긍정-타인긍정에 도달해야 하는데, 성인이 되었다고 무조건 자기 긍정-타인긍정의 인생 태도를 가지는 것은 아니며, 어느 단계에 머물러 고착될 수 있다고 한다. 따라서 자신의 인생 태도가 어떠한지를 파악하여 자기 긍정-타인긍정으로 나아가도록 노력해야 할 것이다.

6) 스트로크

스트로크는 한 사람이 다른 사람에게 주는 어떠한 형태의 인정(recognition)을 말하며. 이러한 인정 행위를 스트로킹(stroking)이라고 한다. 스트로크는 신체접촉일 수도 있고 몸짓, 눈길, 말이나 뜻이 담긴 모든 행위와 같은 형태를 취하기도 한다.

인간은 살아가면서 한 사람이 다른 사람에게 주는 어떠한 형태의 스트로크가 계속 필요하고 스트로크의 결핍은 신체적 · 정서적으로 해를 끼치며 오랫동안 그 영향이 유지된다. 만약 스트로크를 받지 못하면 솔직하게 요구하는 것이 오히려 좋다. 또 스트로크를 받으려 하지 않는다든지 거부하는 경우, 그것이 반복되면 상대방은 자신이 준 스트로크가 수용되지 않는다는 생각에 다시는 스트로크를 주지 않겠다는 결심을 하게 된다. 그러므로 상대방에게 긍정적 스트로크가 나에게 왔을 때 잘 받아들이는 것이 중요하다.

스트로크는 긍정적, 부정적 스트로크와 언어적, 비언어적 스트로크, 조건적 무조건적 스트로크로 나누어 볼 수 있다. 구체적인 내용은 다음과 같다.

① 정적, 부적 스트로크

정적 스트로크는 상대방의 감정을 기분 좋게 해주고 상대방에 대한 적절한 이해, 긍정적인 평가, 승인, 칭찬 등 인간에게 있어서 쾌적한 스트로크를 의미한다. 정적 스트로크는 받는 사람의 행복감을 높여주고, 지적인 능력을 발휘하게 해주며, 'I'm OK, You are OK'라는 생활 자세를 형성하게 하고 심신의 성장을 촉진하기 때문에 매우 바람직하다.

부적 스트로크는 고통스러운 감정을 유발하고 미워하는 표정과 말, 상대방을 화나게 하거나 걱정 또는 곤란하게 만들거나 상처를 입히는 행위를 의미한다. 지속적인 부적 스트로크는 정서적 · 신체적으로 상대를 손상하며 인격 장애를 일으키거나 'I'm not OK, You are not OK'라는 심리적 자세 및 부정적인 인생각본을 형성하게 된다.

그렇다면 부적 스트로크를 주는 것보다 스트로크가 아예 없는 상태가 더 나은 것은 아닐까? 대답은 'No'이다. 왜냐면 스트로크를 주고받지 않는 상태는 서로의 존재를 아예 인정하지 않는 것이기 때문에 그것은 부정적인 스트로크보다 자신의 가치에 더 손상을 준다.

② 언어적, 비언어적 스트로크

언어적 스트로크는 말 그대로 스트로크를 언어적으로 주고받는 것이다. 비언어적인 신체적 스트로크는 어깨 두드림, 악수, 포옹 등 신체적으로 표현하는 것이다.

③ 조건적, 무조건적 스트로크

조건적 스트로크란 사람이 한 행위에 대한 인정 자극을 의미한다. 사람은 조건적 스트로크를 반복해서 받으면 계속해서 스트로크를 받기 위해 자연스럽지 못한 말이나 행동을 할 수도 있다. 심지어 거짓이나 과잉행위를 할 수도 있다.

무조건적 스트로크란 사람의 존재 자체에 대한 인정 자극을 의미한다. 자신의 존재 그대로를 인정해 주는 스트로크를 자주 받게 될 때 인간은 안정적이고 자기 가치감이 높아져 긍정적 인생태도를 갖게 된다.

7) 시간의 구조화

사람은 스트로크를 받기 위해 잠자는 시간을 제외한 나머지 시간을 사용하는 방법이 각기 다른데, 이것을 시간의 구조화라고 한다. 어떤 사람은 타인과 교류 없이 혼자 시간을 보내면서 과거의 스트로크 경험이나 상상 속에서 만족하는가 하면, 모임에 형식적으로 참여하기도 하고, 일에서 사람들과 교류하기도 하며, 취미활동, 솔직하고 친밀한 교류, 또는 자신의 의도를 숨기는 교류를 하기도 한다. 자신의 시간의 구조화 방식을 의식함으로써 시간을 바람직하게 재구성하도록 해야 할 것이다.

그룹토의

1. 교류 분석 : 최근 당신이 의사소통에 있어서 불편했던 경험을 떠 올려본다. 상대와 주고받았던 대화를 간단히 작성해보고, 어떤 자아와 어떤 자아의 소통이었는지, 어떤 교류 분석 유형에 해당하는지 발견한다. 그리고 이 대화를 상보 교류로 바꾸기 위해서는 어떻게 반응할지 조원들과 의논한다.

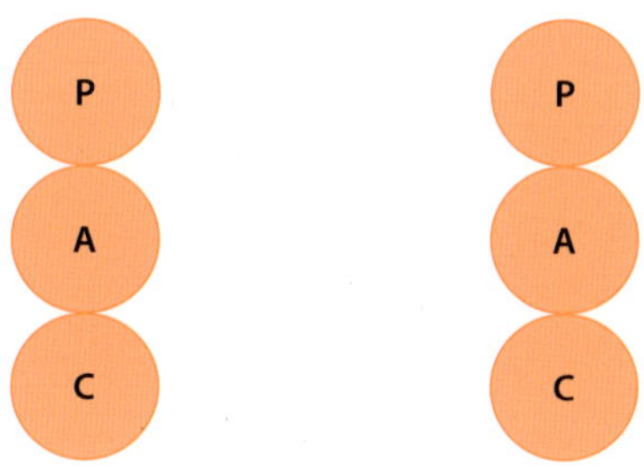

2. 스트로크 : 당신이 타인으로부터 받았던 스트로크 중 정적 스트로크, 부적 스트로크를 각각 두 개씩 써보고 그때 자신에 대해 어떤 생각과 느낌이 들었는지 나누어본다.

	사례	나의 생각	나의 느낌
정적 스트로크			
부적 스트로크			

2. 사티어의 의사소통유형

버지니아 사티어(Virginia Satir)는 가족 내 어려움을 상담한 경험을 바탕으로 가족치료 이론을 완성 시킨, 가족치료의 어머니로 불린다. 사티어는 의사소통의 변화를 통해 가족의 문제를 해결하고자 노력하였다. 또 인간의 성장과 정서, 자기 가치와 자존감을 중요시하며, 분명하고 일치된 의사소통을 통한 가족 내에서의 자존감과 자기 가치의 형성을 강조하였다. 사티어는 인간을 빙산에 비유하여, 겉으로 드러난 역기능적 의사소통의 깊은 내면을 탐색하게 하는 일치적 의사소통법의 훈련을 통해 자기 가치감 및 자존감을 증진 시키고, 자기 성장을 하도록 하였다.

자존감이 높은 사람은 자기 내면을 솔직하고, 정직하게, 또 상황과 타인과의 관계에 적합한 표현을 하는 힘이 있는데, 이러한 의사소통을 일치적 의사소통이라고 한다. 일치적 의사소통을 하려면, 표현되는 부분과 내면의 일치, 나와 상대방의 내면과의 일치, 그리고 나와 너의 관계와 상황의 일치성이 중요하다. 따라서 사티어는 일치성과 자존감이 일치적 의사소통에 가장 큰 영향을 미친다고 보았다. 반면 비일치적 의사소통은 자신과 상대방의 내면이나 관계 맥락, 상황에 적합하지 않게 말하는데, 이를 비일치적 의사소통이라고 하였다. 사티어는 비일치적 의사소통은 자존감이 낮은 사람에게서 나타난다고 하였다.

사티어는 의사소통을 할 때 자신, 타인, 상황의 3가지 요소들을 고려하느냐 무시하느냐에 따라 일치적, 비일치적 의사소통 유형(회유형, 비난형, 초이성형, 산만형)을 구분하였다. 자존감이 높은 사람은 상황을 고려하고, 타인의 입장을 배려하면서도 자신을 표현하는 일치적 의사소통을 한다. 그러나 자신, 타인, 상황의 3가지 요소 중 하나라도 무시되면 역기능적이고 비일치적인 의사소통을 하게 되고, 이러한 비일치적 의사소통을 생존유형이라고 하였다.

비일치적 의사소통이라고 해서 무조건 무시하고 지양할 것은 아니다. 자신의 의사소통 유형이 어디에 속해있는지를 인식한 후 그것이 가지는 장점(자원)을 보존하면서 한계를 보완하면 일치적 소통으로 나아갈 수 있다. 따라서 각 의사소통 유형의 보이는 모습 뿐 아니라 장점(자원)을 인정하는 것이 중요하다. 다음 설명과 [표5-1]은 사티어에 의해 분류된 의사소통 유형의 특징이다.

1) 회유형(Placating)

회유형 유형의 사람들은 자신의 내적 감정이나 생각을 무시하고 지나치게 타인의 비위에 맞추려는 성향으로 다음의 특징을 보인다;

- 타인의 의견에 무조건 동조하고 비굴한 자세를 취하며 사죄와 변명을 하는 등 지나치게 착한 행동을 보인다.
- 타인에게 순응하고, 인정을 받기 위해 상대방의 요구를 거절하기 어려워한다.

- 타인에게 좋은 사람, 착한 사람으로 인정받는 것을 중요시한다.
- 대부분 자존감이 낮고, 상대방에게 자기가 부족하다는 메시지를 보낸다.
- 자신이 다른 사람보다 더 힘들다는 것을 드러내면서, 동정심과 인정을 얻으려 한다.
- 내면적으로, 모든 잘못의 원인이 자기에게 있다고 믿고 쓸모없는 존재로 자기를 비난한다.
- 갈등 상황에서 긴장하고 불안해하며 갈등을 해결하기보다 갈등을 무마하려 애쓴다.
- 타인의 필요에 민감하고, 그들의 욕구를 채워주는 과정에서 평상시 느끼지 못했던 성취감, 자신이 중요한 역할을 했다는 우월감, 상황을 통제하고 있다는 만족감을 느끼고자 한다.
- 때로는 열등감과 상대방이 자신을 공격할 것이라는 피해의식으로 갑자기 상대방을 먼저 공격하기도 한다.
- 심할 경우, 감정 억제, 걱정, 짜증, 공황발작 등이 있을 수 있다.
- 자원과 개선방법 : 타인을 돌보는 일, 세심함의 장점을 인식하고 타인을 돌보는 것에 못지않게 자신을 돌보고, 자아 가치감을 높여야 한다.

2) 비난형(Blaming)

비난형 유형의 사람들은 회유형과 반대로, 타인을 무시하는 성향으로 다음의 특징을 보인다;

- 자신이 항상 옳다고 생각하고 다른 사람들이 자신의 의견에 따라야 한다고 굳게 믿기 때문에 흔히 타인의 말이나 행동을 비난하고 통제하며 명령한다.
- 자기중심적이기 때문에 다른 사람이 자신과 다른 생각이나 감정, 기대 등을 가질 수 있다는 것을 이해하지 못한다. 즉 상대방이 나와 다른 마음을 가지고 있다는 것을 모르며, 내 생각과 다른 사람의 생각이 다를 수 있다는 것을 잘 모른다.
- 자기가 옳다는 신념이 너무 강해서 다른 사람이 자기를 불편하게 하거나 비난하는 것을 용납하지 못한다.
- 외적으로 보이는 행동은 공격적이나 내면적으로는 소외감을 느끼며 외로운 실패자라고 생각한다.
- 심할 경우, 분노, 짜증, 반항, 적대감, 폭력 등이 나타날 수 있다.
- 자원과 개선방법 : 내적 에너지가 높고 자기주장의 힘, 추진력, 리더쉽이 뛰어나다는 장점을 인식하고 타인을 비난하지 않고 자기주장을 할 수 있어야 한다. 그리고 역지사지를 통해 타인의 입장을 이해하고 존중해야 한다.

3) 초이성형(Super-reasonable)

초이성형 유형의 사람들은 자신과 타인을 모두 무시하고 상황만을 중시하는 성향으로 다음의 특징을 보인다;

- 내면을 차단하여 감정을 전혀 느끼지 못하거나 혹은 감정을 무시한다.
- 상황과 기능적인 측면에만 초점을 맞춰 자신의 객관성과 논리성의 유무를 따지기 좋아하며, 지나치게 합리성을 강조한다.
- 단순한 정보와 논리적인 차원에서 객관적인 상황만을 존중하기 때문에 이 유형 사람들의 합리성이란 매우 편협하고, 지엽적이며, 자기중심적이고, 왜곡되어 있다.
- 타인뿐 아니라 자기 자신도 객관적 대상으로 마치 물건을 대하듯 비판하거나 평가할 뿐 아니라, 자기를 혐오하거나 거리를 두려고 한다.
- 자신에게 숨겨둔 감정이나 느끼는 감정이 전혀 없다고 부인하지만, 실제로는 감정이 억압되고 숨겨져 있다.
- 매우 완고하고 냉담한 자세를 취하고 독재적인 행동을 하지만 내적으로는 쉽게 상처받으며 소외감을 느낀다.
- 심할 경우, 우울, 강박증, 사회적 철회, 공감 능력의 부족 등이 나타날 수 있다.
- 자원과 개선방법 : 지성과 논리성이 장점임을 인식하고 무시하고 있던 감정을 돌아보면서 지성과 감정을 통합해야 한다.

4) 산만형(Irrelevant)

산만형 유형의 사람들은 자신, 타인 상황을 모두 무시하는 성향으로 다음의 특징을 보인다;

- 긴장감을 견디기 힘들어 산만한 행동을 함으로써 스트레스 상황을 회피하려고 한다.
- 상황이 조금이라도 어색하면 견디지 못하고, 긴장되고 어색한 분위기를 깨기 위해 부적절한 농담이나 우스꽝스러운 행동을 한다.
- 정서적으로 혼란된 심리상태를 보이며 주제나 상황에 맞지 않는 말을 하며 산만하게 행동한다.
- 사람들이 자기를 진심으로 걱정하거나 받아들이지 않는다고 생각한다.
- 내면적으로는 공허하고 삶의 의미를 느끼지 못하고, 불안, 외로움, 무가치감, 혼란스러운 감정을 느낀다.
- 심할 경우, 혼란스러움, 부적절함, 충동 조절의 어려움, 우울증, 공감력 결핍, 타인의 권리침해, 학습부진 등이 나타날 수 있다.
- 자원과 개선방법 : 즐겁고, 유머러스하며, 자발성과 창의성이 뛰어나다는 장점을 인식하고 적절한 상황에 맞게 자기감정을 표현해야 한다.

5) 일치형(Congruent)

일치형 유형의 사람들은 기능적인 의사소통 유형으로 자신과 다른 사람, 상황 모두를 존중하며 다음의 특징을 보인다;

- 의사소통의 내용과 내적 감정이 일치한다.
- 의사소통이 솔직하고, 진실 되며 자기감정을 잘 알아차리며 이를 적절하게 표현한다.
- 자기 가치와 자존감이 높아, 생동적이며 창조적이며 유능한 행동양식을 보인다.
- 자신의 독특성을 인정하고 대인관계의 상호작용적 에너지가 자연스럽게 순환된다.
- 자신과 타인 모두를 신뢰하고 친밀한 관계를 맺는다.

일치적 의사소통의 기본은 정확하게 말하고 정확하게 듣는 것이므로 사티어는 일치적 의사소통을 위해 다음의 방법을 제시하고 있다;

✔ 말할 때는 명확하게 표현해야 하고, 표정이 말과 일치되어야 한다.

✔ 듣는 사람 또한 상대방의 말을 잘 들어야 한다.

✔ 상대방의 말에 공감과 경청을 하면서 듣되, 들은 것이 정확한지 확인하면서 들어야 한다.

A가 말한다.
말하는 사람A가 듣는 사람B에게 언어적 표현과 비언어적 표현(표정, 목소리 톤, 신체적 표현 등)이 일치되게 말을 한다.

⇨

B가 듣는다.
말하는 사람 A의 언어적 표현과 비언어적 표현을 듣는 사람 B가 보고 듣는다.

⇨

B가 A의 말을 정확하게 듣고 자신의 마음의 말을 정확하게 표현한다.
의사소통의 한 순환체계가 완결된다.

더불어 의사소통의 기본은 서로의 마음을 적절하게 표현하는 것이다. 말하는 사람과 듣는 사람 모두 자기 내면에서 경험하는 것을 자각하고, 어느 정도 개방할 것인지 판단하고, 정확하면서도 상황과 맥락에 적합한 말을 해야 한다. 듣는 사람 역시 상대방의 말을 들으면서, 자기 내면에서 경험하는 것을 자각해야 적절하게 자기를 표현할 수 있어야 한다. 구체적으로 사티어는 일치적 의사소통을 위해 아래의 사항들을 제시하였다;

✔ 내가 어떻게 반응할 것인지에 대한 선택권을 가지고 있음을 자각하고 수용한다.

✔ 자신의 내면에서 일어나고 있는 모든 경험(기대, 지각, 감정)에 반응한다.

✔ 자신의 말과 신체 표현, 그리고 행동 등이 자신의 경험임을 수용하고 인정한다.

✔ '나- 중심적 언어'로 말한다. 예) "나는, 내가 느끼기에는, 내가 듣기에는"

✔ 말한 것과 행동에 대한 책임을 분명히 한다.

✔ 의사소통 시 다른 사람의 말이나 행동을 보고 들은 것뿐만 아니라 자신의 내면에서 경험하고 있는 것을 표현한다.

✔ 비판적이기보다는 서술적인 언어를 사용한다.

표 5-1 사티어 의사소통의 유형

회유형	비난형	초이성형	산만형	일치형

자신을 무시	타인을 무시	자신과 타인을 무시	자신, 타인, 상황 모두 무시	자신, 타인, 상황 모두 존중
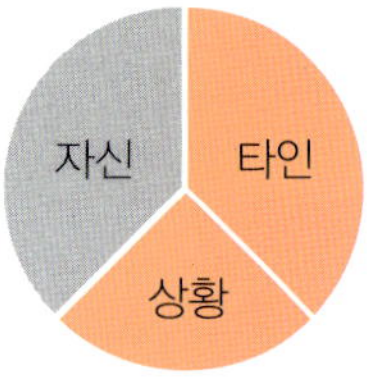	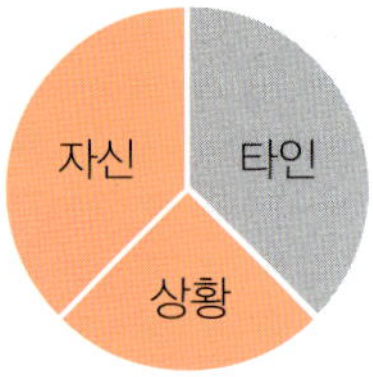	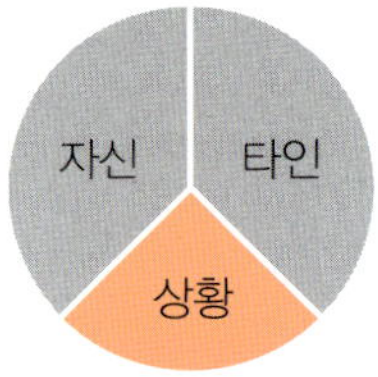	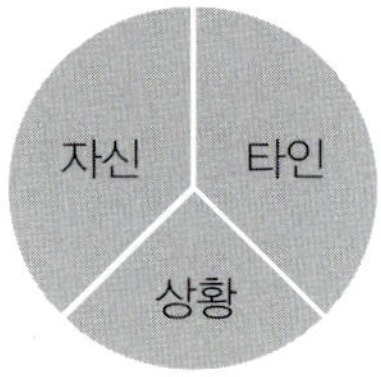	
자원 타인을 돌봄, 세심함	자기주장	지성, 논리	즐거움, 자발성, 창의적	
사례 팀 과제 약속 시간에 연락도 없이 20분 늦었고, 기다리고 있던 다른 팀원이 화를 내고 있는 상황				
회유형의 반응: 얘들아 너무 미안해...진짜 미안해..나 때문에 모두들 많이 기다렸으니…내가 팀 과제 발표 자료까지 정리해서 레포트까지 내가 제출할게…	**비난형의 반응:** 누가 약속 시간을 이렇게 잡았어? 수업이 늦게 마치면 어떻게 오라는 거야? 오늘 다른 수업에서 과제 제출이 있다는 건 생각도 안 했어? 수업 마치고 겨우 과제 제출하고 왔는데, 내가 연락하고 올 상황이 있었겠어?	**초이성형의 반응:** 연락을 미리 한다고 내가 빨리 올수 있는 것도 상황이 아니었어… 이성적으로 생각해보면 화내면서 나를 기다리기 보다 먼저 과제를 시작했으면 효율적이었을 거야..	**산만형의 반응:** (다른 곳을 쳐다보며) 그래? 그런데 어제 교수님이 하라고 한 다른 과제 너무 어렵지 않아? 다른 친구들도 지금 어렵다고 하는데….큰일이야… 그 과제는 다음주 제출이었나?	**일치형의 반응:** 얘들아…오늘 오전 수업이 늦게 마쳤는데, 다른 과제 제출이 오늘까지여서 급하게 제출하느라고 미처 연락도 못했어… 미안해..모두들 바쁜데, 나 기다리느라고 과제 시작도 못하고 있었지?

연습 의사소통과정 탐색

지난 일주일 동안 있었던 의미 있는 사람과의 불편했었던 대화 상황을 떠올려 보자. 그때 그 와 어떤 상호작용이 있었는지 다음의 질문에 따라 구체적으로 기술해보자.

1. 상대방이 보낸 언어적, 비언어적 메시지는 무엇이었는가? 내가 본 것은 무엇인가? 내가 상상한 것은 무엇인가?

2. 상대방의 메시지를 듣고 나는 어떤 생각을 하고, 어떻게 해석하였는가?

3. 상대방에 메시지를 해석하고 의미를 부여하고 난 후 느낀 감정들은 무엇인가?

4. 지금 다시 그 상대방과 대화를 한다면, 나는 어떻게 정확하고 일치된 대화를 하고 싶은가?

5. 당신의 대부분 나타내는 의사소통유형이 가진 자원은 무엇이며, 어떻게 하면 일치적 의사소통으로 나아갈 수 있을지 적어보자.

3. 비폭력 대화(Nonviolent Communicaton, NVC)

비폭력 대화(Nonviolent Communication; NVC)는 1960년대 미국 인종차별폐지법이 시행되면서 발생했던 여러 갈등관계를 해소하기 위해 마샬 로젠버그(Marshall B. Rosenberg)가 연방정부의 프로젝트를 계기로 창시한 의사소통 모델이다. 연민의 대화(Compassionate Communication)나 삶의 언어(Language of life)라고도 일컬어지는 비폭력대화는 마하트마 간디(Mahatma Gandhi)의 '아힘사(Ahimsa)', 즉 불살생, 비폭력, 동정, 자비에서 유래 되었고 칼 로저스(Carl Rogers)의 대상자 중심 접근방법에 영향을 받아 구체적인 대화법으로 발전되었다.

비폭력 대화에서는 기린(Giraffe)과 자칼(Jackal)을 상징으로 표현하기도 한다. 기린은 지구상 육식동물 가운데 심장이 가장 크고 튼튼한 동물로 널리 알려져 있다. 기린의 평균 신장이 약 4~5미터인데, 1회의 심장 수축으로 머리부터 발끝까지 혈액을 보내주어야 하므로 기린의 심장은 크고 튼튼할 수밖에 없다. 또 기린은 사물을 높은 곳에서 넓게 바라볼 수 있는 특징도 가지고 있다. 기린은 평소에 초식동물로 평화롭게 지내다가도 공격을 받거나 다른 기린을 보호해야 할 때는 긴 다리와 발굽으로 자신을 지키는 능력이 있다. 이와 같은 기린의 특성은 가슴으로 연결되는 넓은 마음의 대화, 즉 비폭력 대화의 정신과 잘 맞아떨어지므로 평화의 상징인 기린, 기린 말로 비유하여 설명하고 있다.

기린에 대응하는 상징으로는 자칼(Jackal)을 예를 들고 있다. 자칼은 다른 짐승의 새끼를 사냥하거나, 청소 동물로서 다른 동물의 시체를 처리하는 습성이 있어서 주로 교활하고 약삭빠른 대상에 비유하는 동물로 표현되었다. 비폭력 대화에서는 습관적인 말의 상징으로 자칼, 자칼 말이라고 표현한다. 상대를 관찰하는 대신 평가하고, 가슴에서 우러나오는 느낌 대신 분석하고 비교하는 생각들로 표현하며, 욕구의 순수한 에너지를 인식하지 않고 수단과 방법에 집착하는 것, 부탁보다는 강요와 명령으로 상대를 대하는 것을 자칼 말이라고 한다. 그러나 자칼도 그 안에 따뜻한 심장이 있으므로, 폭력적인 자칼의 내면에 있는 심장을 들여다보고 다독여 주어 비폭력 대화로 이끌 수 있다.

1) 비폭력대화 모델

비폭력 대화 모델의 핵심은 크게 두 가지로 설명되는데 솔직하게 말하기와 공감으로 듣기이다. 그리고 관찰(observation), 느낌(feeling), 욕구(need), 부탁(request)의 네 가지 원리가 있다. 각각에 대한 세부 내용은 다음과 같다;

그림 5-1 비폭력대화 모델

(1) 관찰(Observation)

첫 번째 원리인 관찰은 특정 사물이나 사람 또는 상황에 대하여 있는 그대로를 묘사하는 것이다. 이때 중요한 것은 자기 생각이나 판단, 선입견 등을 배재하고 그 자체로 관찰하는 것이다. 관찰할 때 평가를 섞어 말하게 되면 듣는 사람은 비난이나 비판으로 여기게 되며, 말하는 사람이 전달하는 내용에 저항을 느껴 효과적인 대화가 진행되지 않는다.

예) “내가 말하는 중에 너가 말을 시작할 때”

(2) 느낌(Feeling)

두 번째 원리인 느낌은 사물, 사람, 상황 등을 관찰하였을 때 어떻게 느끼는지를 나타내는 것이다. 또 우리 자신의 욕구가 충족되었는지 또는 그렇지 않은지에 대한 몸과 마음의 반응을 표현하는 것이라 할 수 있다. 느낌을 좀 더 명확하고 구체적으로 표현하기 위해서는 느낌 어휘 목록을 활용하는 것도 좋은 방법이다. 느낌은 종종 생각과 혼동되기 쉬운데, 느낌과 생각을 구별하기 위해서는 몸과 마음의 반응을 살펴보아야 한다.

예) “나는 내 말을 다 못해서 답답해.”

질문. 다음 느낌 목록의 표를 채워보자. 당신의 생각이 아닌 몸과 마음의 느낌에 집중한다.

욕구가 충족되었을 때	욕구가 충족되지 않았을 때
벅찬, 행복한, 즐거운, 포근한, 친근한 만족스러운, 든든한, 개운한 (이하는 여러분이 채워보세요)	불안한, 무서운, 불편한, 갑갑한, 서러운, 섭섭한, 안타까운, 괴로운, 초조 (이하는 여러분이 채워보세요)

(3) 욕구(Need)

세 번째 원리인 욕구 또는 필요는 유기체가 존재하도록 하는 근원이며, 삶의 에너지라고도 할 수 있다. 즉 욕구는 사람이 살아가기 위해 중요하고 가치 있는 것이며 내면의 긍정적인 힘이다. 인간의 욕구가 충족되지 못할 때 갈등과 분쟁이 발생할 가능성이 높아지므로, 개개인의 욕구는 중요하게 다루어질 필요가 있다. 상대방과 대화를 나눌 때 각자의 욕구(필요)를 주장하기에 앞서, 서로에게 무엇을 바라는지 진솔하게 이야기를 시작하게 되면 모두의 욕구를 충족할 방법을 찾을 가능성은 매우 높아지게 된다.

예) "나는 너와 내가 서로 존중하면서 지내기를 바래."

(4) 부탁(Request)

네 번째 원리인 부탁은 상대방이 수용해주거나 행동해주기 바라는 것을 언어적으로 표현하는 것이다. 부탁(요청)을 할 때는 나의 욕구뿐만 아니라 상대방의 욕구도 존중되는 상태에서 이루어지도록 명료하게 전달하는 것이 중요하다. 다른 사람의 말이나 행동을 비판하면서 자신의 욕구를 성취하기 위해 부탁을 하게 되면 상대방은 곧 대화를 중단하게 될 것이다.

예) "내가 하는 말을 끝까지 듣고 나서 너의 이야기를 해줄 수 있겠니?"

비폭력 대화 모델의 4가지 요소는 실제로 주고받는 말에 모두 사용되는 것이라기보다, 이것을 인식하는 마음에 내포되어 있다. 그러므로 실제 대화에서는 4가지 요소가 모두 사용될 수도 있고 그렇지 않을 수도 있음을 인식해야 한다.

2) 비폭력대화에서의 주의점

(1) 관찰과 평가를 구분하기

비폭력 대화에서 관찰은 종종 평가와 혼동되기 쉽다. 관찰을 하게 되면 상황을 객관적으로 바라볼 수 있기 때문에 부정적인 감정에 쉽게 휘둘리지 않는 힘을 얻게 되며, 상대방과 대화를 이어나갈 수 있는 계기가 되므로, 문제를 해결할 가능성이 높아진다. 예를 들어 '사람들이 회의 시간에 나의 발언을 무시하였다'는 문장은 관찰이 아니며 말하는 사람의 평가가 내포되어 있다. '회의 중, 내가 발언할 때 사람들이 하품을 하며 창밖을 바라보았다'고 표현하는 것이 정확한 관찰이다.

다음의 몇 가지 예시를 통하여 관찰과 평가를 구분해보자.

평가	관찰
그 선생님은 꼼꼼하다.	그 선생님은 학생의 사소한 질문에도 상세히 답해 주신다.
옆 가게 주인은 게으르다.	옆 가게 주인은 가게 앞에 쌓인 나뭇잎들을 치우지 않는다.
그 친구는 모둠 과제에 비협조적이다.	그 친구는 모둠 과제를 위한 모임에 두 번 참석하지 않았다.

(2) 느낌과 생각을 구분하기

느낌은 상황이나 사물, 사람을 관찰했을 때 일어나는 반응이므로 관찰과 느낌을 분리하여 생각할 수 없다. 위의 사례에서 하품을 하며 창문을 바라보는 사람들을 관찰하였을 때 나의 느낌은 속상함, 화남, 답답함 등 구체적인 몸과 마음의 반응으로 표현되는 것이다.

느낌은 크게 욕구가 충족되었을 때와 그렇지 않을 때로 나누어 볼 수 있다. 욕구가 충족되었을 때의 느낌말은 '즐거운, 기쁜, 행복한, 편안한, 흥미로운, 흥분되는, 감동받은, 만족스러운, 평화로운, 감사한'등이며, 욕구가 충족되지 않았을 때의 느낌말은 '염려되는, 암담한, 불편한, 화가 나는, 슬픈, 답답한, 실망스러운, 부끄러운, 분한, 서운한'등이 있다.

다음의 몇 가지 예시를 통하여 느낌과 생각을 구분해보자.

생각을 나타내는 표현	느낌을 나타내는 표현
나는 학습능력이 부족하다고 느껴	나는 수업내용을 이해하지 못하는 내 자신이 실망스러워
당신에게 나는 중요하지 않은 사람처럼 느껴져	나와의 약속을 잊어버린 것이 속상해
그 문제가 해결된 느낌이야	그 결과에 대해 설명을 듣고 나니 이해가 되어 홀가분하다.

(3) 욕구와 수단(또는 방법) 구분하기

인간의 모든 행동은 자신의 욕구를 충족하려는 시도에서 비롯된다. 욕구는 유기체가 생존하는 것에 필요한, 중요한 내면의 긍정적 에너지이다. 이러한 욕구는 지역이나 문화, 성별, 연령과 관계없이 모든 인간이 가지고 있는 보편적인 것이며, 풍요롭고 행복한 삶을 영위하는데 필수적인 조건이다.

그러나 욕구를 충족하기 위해 개개인이 선택하는 수단과 방법은 모두 다르다. 예를 들면, '즐거움', '흥미'등과 같은 욕구가 있다면 어떤 사람은 여행을 통해 즐거움을 추구할 수도 있고, 또 어떤 사람은 게임이나 운동을 통해서 즐거움을 추구할 수도 있을 것이다.

욕구를 충족하기 위해 자신이 결정한 수단과 방법만이 옳다고 주장하는 경우, 상대방과 갈등을 겪게 되며 원활한 의사소통을 진행하지 못한다. 그러므로 자신의 욕구가 중요한 만큼 상대방의 욕구도 중요함을 인식하고 대화를 해나가는 자세가 필요하다. 자신의 욕구가 충족되었는지의 여부는 앞서 설명한 '느낌'으로 파악할 수 있다.

– 사례

친구와 6시에 만날 약속을 하였는데, 약속장소로 오는 도중 교통체증이 심하여 7시가 넘어야 도착할 수 있다는 연락을 받았다.

– 회사에 급히 처리할 일이 생겨 나도 약속시간에 맞추기 어려운 경우라면
"그래, 조심해서 와. 그럼 우리 넉넉하게 7시 30분에 만날까?"라고 할 수 있다
→ 왜냐면 이때 나의 욕구는 업무에 대한 성취 욕구가 우선하기 때문이다.
– 친구와 만나서 여행 다녀왔던 이야기를 나누고 싶은 경우라면
"한 시간도 넘게 기다려야겠네..."라고 서운함을 말할 수 있다.
→ 왜냐면 이때 나의 욕구는 친구와의 만남, 재미에 대한 욕구가 있기 때문이다.

*욕구가 반드시 어떤 특정한 방법으로 실현되지 않더라도, 욕구 자체가 가지는 긍정적인 에너지를 의식하면 상대방에게 자칼말을 쏟아내지 않을 수 있다.

(4) 부탁과 강요 구분하기

부탁은 자신의 욕구를 인식한 다음, 이를 충족하기 위해 상대방에게 구체적인 행동을 요청하는 것이다. 상대방이 나의 부탁을 수용하지 않는다고 비난하거나 불평을 하게 된다면, 이는 진정한 부탁이 아닌 강요라고 볼 수 있다. 강요는 부탁을 들어주지 않을 때 상대로부터 비난이나 처벌이 따를 것이라고 여겨지기 때문에, 대화를 나누는 사람들이 서로 좋은 관계를 유지하기 어렵다. 부탁이 수용될 가능성과 그렇지 않을 가능성에 대해 50:50의 확률로 받아들일 수 있을 때 부탁이라고 말할 수 있다. 또 부탁이 수용되지 않았을 때 부탁하는 사람과 부탁받는 사람 모두 불편한 마음이 없어야 진정한 의미의 부탁이 된다.

상대방에게 구체적이고 명확한 내용을 긍정적인 언어로 말할 때 부탁이 수용될 가능성이 높아진다. 부탁은 상대방과 동등한 입장에서 서로 존중하는 태도가 바탕이 되어야 한다.

질문. 다음의 부탁을 받았을 때 상대방이 어떻게 받아들일지를 예상해보자.

막연하고 모호한 부탁	명확하고 구체적인 부탁
"교실에서 친구들과 사이좋게 지내도록 해요"	"친구들 간에 서로 마음에 안 드는 일이 있다면, 그 마음을 말로 표현하기를 바랍니다"
"앞으로 약속 시간을 잘 지켜!"	"약속 시간보다 늦으면 사전에 알려주거나 약속을 다음으로 연기하는 게 어때?"

연습 비폭력대화의 실제

다음의 대화를 비폭력 대화로 바꾸어 보자.

> 팀원1 : ○○아, 넌 그룹 과제를 할 때 진짜 너무 협조를 안 해서 같이 하기 짜증 나!
> 팀원2 : 무슨 말을 그렇게 하니? 그럼 빠진 부분을 내가 다 하라는 거야.

과정1 – 팀원의 느낌을 써 보자.

① 팀원 1의 느낌 : ______________________________

>> 거북한, 염려되는, 지겨운, 질린, 열 받는, 울화가 치미는

② 팀원 2의 느낌 : ______________________________

>> 실망스러운, 당혹스러운, 부끄러운, 억울한

과정2 – 팀원의 욕구를 써 보자.

① 팀원 1의 욕구 찾기 : ______________________________

>> 유대, 편안함, 성실성, 평등, 목표, 조화 등

② 팀원 2의 욕구 찾기 : ______________________________

>> 소통, 자기보호, 존재감, 참여 등

과정3 – 느낌과 욕구를 고려하여 상자 속의 대화를 비폭력 대화로 바꾸어보자.

① 팀원 1 : ______________________________

>> ○○아, 우리가 그룹 과제를 위해 3번 모임을 가졌는데 그동안 참석을 못했지? 혹시 급한 일이 있었는지 궁금하기도 하고 과제가 진행되지 못해서 걱정되는 마음이 있어.

② 팀원 2 : ______________________________

>> 맞아. 그동안 (참석을 못한 이유)때문에 참석 못해서 미안해. 빠졌던 부분에 대해 내가 보충할 기회가 있을까?

CHAPTER 06

효과적 의사소통 (수업 9, 10주차)

CHAPTER 06 효과적 의사소통(수업 9, 10주차)

단원의 목적

효과적 의사소통의 원리를 이해하고 효과적 의사소통기술을 증진시킨다.

성취목표

1. 효과적 의사소통을 위한 기본태도를 인식한다.
2. 경청연습을 통해 올바른 경청 자세를 갖춘다.
3. 공감의 원칙과 수준을 이해하고 공감적 반응을 연습한다.
4. 효과적 의사소통기술들을 학습하고 실제에 적용한다.

1. 효과적 의사소통을 위한 기본태도

우리가 일상생활에서 경험하듯 의사소통에서는 인간관계가 중요하다. 인간관계가 좋을 때는 굳이 말을 많이 하지 않아도 서로 신뢰하고 이해하면서 충분히 의사소통할 수 있다. 서로의 소통이 잘 이루어지기 위해서는 의사소통 상황이 안전하다고 느낄 수 있어야 하며, 더 나아가 서로 믿고 존경할 수 있어야 한다. 그래야만 자신의 느낌과 생각을 편안하게 드러낼 수 있다. 상대가 편안함과 신뢰감을 가지도록 갖추어야 할 기본태도는 다음과 같다.

첫째, 상대를 믿을 수 있어야 한다. 상대를 믿는다는 것은 그가 주어진 상황에서 최선을 다하고 있음을 믿는 것이며, 그에게 가능성과 잠재력이 있음을 믿는 것이다.

둘째, 상대와의 인간관계를 소중히 여기고 상대를 존중한다. 이럴 때 효과적인 의사소통을 가능하게 하는 따뜻함, 성실함, 안전감, 확신, 인정의 태도를 보일 수 있다.

셋째, 열린 마음(개방성)을 갖는다. 열린 마음을 갖는다는 것은 소통의 당사자인 자신이 변화될 수 있음을 인정하고, 다른 이들로부터의 영향을 과감히 받아들이는 것을 의미한다.

넷째, 상대방에 대한 편견이나 선입견 없이 있는 그대로 상대를 수용한다. 상대방의 언행에 대해 나의 편견이나 선입견이 작용하여 섣불리 판단하고 있지 않은지를 돌아보면서 상대방을 있는 그대로 받아들이도록 노력한다.

이러한 기본태도를 바탕으로 상대방과 소통할 때 의사소통을 원활히 하면서 소통의 목표를 달성할 수 있다. 그렇다면 소통의 기본태도에 더하여 어떤 효과적 의사소통기술을 활용할 수 있을까? 많은 사람들이 어떤 것이 효과적인 소통의 기술인지, 아닌지를 구분하는 것이 어렵다고 한다. 말하는 이는 효과적이고 상대방에게 도움이 된다고 하는 말들이 오히려 상대방에게 불편을 주고 소통의 목적을 달성하지 못하는 경우들이 있다. 그리고 다음에서 설명할 많은 소통의 기술들을 일일이 기억하고 적용하는 것이 어려울 수 있다. 그러므로 효과적인 소통과 비효과적인 소통을 크게 구분 지을 원칙을 염두에 둔다면 보다 편안하게 대화할 수 있을 것이다. 그렇다면 그 원칙은 무엇일까? 일반적으로 효과적인 소통의 기술은 상대로 하여금 표현을 자유롭게, 말을 많이 하도록 유도하는 것이라고 할 수 있다. 상대방이 거리낌 없이 자기 느낌과 생각을 표현하고, 말을 하고 싶어 하며, 대화하는 것을 두려워하지 않도록 유도하는 화자의 언행들이 효과적인 소통의 기술이라고 할 수 있다. 반면 비효과적 소통은 상대로 하여금 말을 하고 싶지 않게 하거나, 표현을 자유롭게 하지 못하게 막는 소통방식이 될 것이다. 이러한 구분의 원칙을 가지고 다음에 설명된 효과적인 소통의 기술들을 이해해보자.

2. 경청과 공감

1) 경청

의사소통은 한 사람이 일방적으로 자신의 의견을 내세우는 것이 아니라 상대방과 내가 어떤 주제, 감정, 생각, 또는 일에 대해 서로 교류하며 나누는 것이다. 이런 교류를 위해서는 상대방의 의사 표현을 잘 이해하는 것이 필수이다.

경청은 의사소통의 기본이 되는 기술로서 친밀감을 형성하고 서로 신뢰하는 관계를 유지하는 데에 가장 중요한 역할을 한다. 상대방의 이야기를 있는 그대로 들어 주는 것만으로도 치유가 일어나고 상호 관계의 질이 향상될 수 있다. 상대방의 말을 잘 들을 때 우리는 상대방을 더 분명하게 이해할 수 있고 서로의 마음을 느끼고 존중해 줌으로써 자연스럽게 친밀한 관계를 맺게 된다.

또 경청은 상대방을 존중하는 마음의 표현이라고 할 수 있다. 즉 우리가 상대방과 대화하는 동안 나 자신의 관심이나 생각, 느낌을 잠시 내려놓고, 상대방에게 집중하여 그를 진정으로 이해하고 공감하겠다는 의지의 표현이다. 대부분의 사람들은 상대방이 자신의 이야기를 끝까지 잘 들어 주기만 해도 문제를 스스로 해결할 수 있다.

(1) 상대방의 이야기를 잘 들어 주지 않는 자세

우리는 상대방의 이야기를 노골적으로 듣지 않거나 때로는 듣는 척하면서 진정한 경청을 하지 않는 경우가 있다. 상대의 이야기를 듣는 척하면서 진정으로 듣지는 않는 경우를 유사경청이라고 하는데, 이는 소통의 목적이 상대를 알고 이해하려는 것이 아닌, 다른 목적이나 이해관계에 의해 이루어지는 경우이다. 나는 어느 대상에게, 어떤 상황에서 유사경청을 하게 되는지, 그리고 잘 듣지 않는 자세를 보이는지를 살펴보면 상대와의 관계를 내가 어떻게 생각하고 있는지를 알 수 있다.

다음은 상대방의 이야기를 잘 들어주지 않는 태도이다;

- 상대방에게 시선을 고정하지 않고 여기저기 둘러보며 이야기를 듣는다.
- 눈을 마주치지 않는다.
- 딴 짓을 하거나 손이나 발을 자꾸 움직여 주의를 산만하게 한다.
- 이야기를 듣는 중간에 이야기를 끊는다.
- 상대의 말을 듣기보다 자신의 경험을 더 많이 이야기한다.
- 상대의 이야기를 자신의 기준으로 판단하고 옳고 그르다는 비판적인 말을 한다.
- 상대의 말에 대한 자신의 반응을 생각하느라 상대의 말을 놓친다.
- 딴 생각을 하면서 상대방에게 적시에 적절한 반응을 보이지 않는다.
- 상대의 이야기를 자세히 듣지 않고 지레짐작하여 섣불리 판단하여 말한다.

(2) 상대방에게 집중하는 연습

사람들과 소통할 때 우리는 상대의 이야기를 듣고 있지만 동시에 머릿속에 떠오르는 자기 생각과 감정에 집중함으로써 타인의 이야기를 놓치는 경우가 많다. 이 연습은 상대와 대화할 때 떠오르는 자기 생각을 알아차리고, 다시 의도적으로 상대방의 이야기에 집중하기 위한 훈련이다.

연습 1

목적은 상대방을 바라볼 때 떠오르는 자기 생각들을 알아차리고 의도적으로 바라보기에 집중함으로써 상대방에게 몰입하는 데 있으며, 방법은 다음과 같다.

① 두 사람이 서로 마주 앉는다.

② 서로 아무 말 없이 1분간 상대의 눈을 바라본다.

③ 웃거나 이야기하지 않고, 눈을 피하지도 말고 상대를 바라본다.

이 연습 후 느낀 점을 말해 보자. 상대를 쳐다보면서 나는 무슨 생각을 했는가? 나는 상대의 눈을 쳐다보았는가? 아니면 무안하고 지루하다는 자기 생각에 빠져 있었는가?

이 연습에서 사람들은 아주 다양한 반응을 일으킬 것이다. 1분간 침착하게 상대방의 눈만 바라보고 있는 사람은 거의 없다. 대부분 쑥스럽거나, 당황하거나, 웃음이 터져서 상대의 눈을 똑바로 바라보지 못한다. 서로의 눈을 쳐다보는 것은 어색함을 일으키는 행위이기 때문이다.

이렇듯 상대를 바라보는 것이 어색하고 힘들게 느껴지는 것은 바로 상대의 눈을 보면서도 결국 자기 생각에 빠져 있었기 때문이다. 무안하고 당황스럽다는 자기 생각에 빠져서 앞에 앉은 상대의 눈을 있는 그대로 바라볼 수 없는 것이다.

연습 2

이제 다시 상대의 눈을 바라본다. 자기 생각에 관심이 기울어질 때마다 의도적으로 관심을 다시 상대의 눈으로 향한다.

① 서로 마주 앉는다.

② 상대의 눈을 바라본다.

③ 상대의 눈을 보는지 아니면 자신도 모르게 생각으로 집중되는지를 관찰한다. 웃음이 나오고 민망하다는 생각이 들면 알아차리고, 다시 상대 눈으로 관심을 집중한다. 다시 또 생각으로 관심이 기울어지면 알아차리고 관심을 상대의 눈으로 돌린다.

④ 이 연습을 1분 동안 실시한다.

이전의 연습과 비교해서 무엇을 알아차렸는지, 그리고 느낌은 어떠했는지 이야기해보자.

내가 상대에게 집중하는지 안 하는지를 알아차리는 순간, 나의 주의는 다시 상대에게 집중될 수 있을 것이다.

(3) 경청을 위한 자세

- 상대방의 눈을 바라보며 이야기를 듣는다.
- 상대방을 향해서 몸을 기울여 앉는다.
- 상대방의 이야기가 끝나기 전에 끼어들지 않는다.
- 고개를 끄덕인다.
- 대화의 중간에 음성적으로 반응한다.

  예) "응, 그렇구나.", "맞아, 그럴 수도 있겠네."
- 상대방의 말을 요약하거나 중요한 단어는 한 번 더 말해 주는 등 상대방의 말을 잘 듣고 있음을 공감적 반영을 통해서 알린다.

  예) "~했다는 말이구나.", "그래서 ~했다는 거지?"

• 이해가 안 되거나 더 깊은 감정에 다가가기 위해 적절히 질문을 던진다. 그러나 질문이 말의 흐름을 끊을 수 있다는 사실을 먼저 생각해야 한다.

경청을 할 때는, 다음의 체크리스트를 참조하여 바람직한 경청 자세를 취한다.

바람직한 경청 자세	체크	바람직하지 않은 경청 자세	체크
거리는 적당한가요?		팔장을 끼거나 다리를 꼬았나요?	
마주 보거나 사선으로 앉았나요?		중간에 말을 자르고 있나요?	
눈을 적절히 맞추고 있나요?		상대 이야기에 답을 주려 하나요?	
대화 중 음성적 반응을 적절히 하고 있나요?		충고하는 말을 하고 있나요?	
적당히 고개짓으로 반응하나요?		자신의 경험이나 이야기를 더 많이 하고 있나요?	
적절한 표정으로 반응하고 있나요?		너무 긴장하거나 대화 내용과 안 맞는 표정을 짓고 있는가요?	

연습 1 자신의 내면에서 올라오는 소리 경청하기

경청이란 타인의 이야기를 자신의 판단이나 기대나 선입견이 없이 있는 그대로 듣는 것이라는 것을 위에서 배웠다.

경청은 타인을 이해하고 공감하기 위해 하는 훈련이지만 가장 기본적으로는 자신 안에서 올라오는 반응들을 알아차리고 관찰하는 훈련이라고도 할 수 있다.

우리가 상대방과 관계를 형성할 때 있는 그대로 그 사람을 이해하고 알아차리기 어려운 가장 큰 이유는 우리 안에 이미 만들어져 있는 판단과 선입견의 틀 때문이다.

이것은 내 앞에 있는 사람을 진실하게 있는 그대로 바라보지 못하게 한다.

다음은 상대방을 떠올리며 자신의 내면에서 올라오는 소리를 경청하는 훈련 방법이다. 이 훈련의 목적은 내가 상대방을 향해 던지고 있는 판단들은 실제 그 사람이 그러한 사람이기보다는 내 안에서 만들어지고 있는 판단의 틀임을 이해하는데 있다.

① 먼저 천천히 호흡한다. 깊고 아주 천천히 복식호흡을 한다.
코로 깊게 숨을 들이쉬고 이때 배가 나올 수 있도록 한다. 다시 천천히 코나 입으로 숨을 내쉬면서 마음을 편안하게 만든다.

② 갈등이 있거나 마음에 불편함을 일으키는 사람의 얼굴을 떠올린다.

③ 그 사람의 얼굴을 가능한 놓치지 말고 그대로 계속 떠올리면서 자동적으로 내 가슴에서 올라오는 소리들을 듣는다.

④ 이 소리가 사실인지, 아니면 단지 내 판단에 의한 소리인지 알아차린다.

예)

① 갈등상태에 있는 엄마의 얼굴을 떠올린다(떠올리니까 괴롭고 떠올리기 싫다 그래도 의지를 써서 엄마의 얼굴을 떠올리려 애쓴다).

② 그때 마음에서 올라오는 소리를 듣는다.
"싫다", "너무 간섭한다", "정말 날 힘들게 한다", "불쌍하다", "너무 이기적이고 자신의 뜻대로 날 휘두르려 한다"등

③ 알아차린다.
이 모든 소리가 엄마 자체를 나타내는 것이 아니라 내 내면에서 올라오고 있는 판단들이라는 것을 알아차린다.

④ 나의 내면의 소리를 경청하는 법을 배운다.

연습 2 타인의 이야기를 경청하기

① 세 사람씩 짝을 지어 앉는다.

② 한 사람은 말하는 사람 / 한 사람은 들어 주는 사람 / 한 사람은 관찰자의 역할을 맡는다.
이 세 역할은 한 번씩 돌아가게 된다. 따라서 한 사람이 세 가지 역할을 다 하게 된다.

③ 첫 번째 사람이 약 2분 동안 지난주에 겪었던 일 중 기억에 남는 일이나 재미있었던 일을 이야기한다.

④ 두 번째 사람은 가능한 건성으로 이야기를 듣는다. 즉 비경청적인 자세로 듣는다.

⑤ 관찰자는 말을 하지 말고 두 사람의 태도와 표정을 관찰, 기록만 한다.

⑥ 2분이 지나면 이번엔 첫 번째 사람이 조금 전에 했던 이야기를 반복한다.

⑦ 듣는 사람은 처음과 달리 경청하는 자세로 집중해서 이야기를 듣는다.

⑧ 관찰자는 이번에도 두 사람의 표정과 태도, 감정 변화를 관찰한다.

다음은 연습2에서의 경험을 되돌아보며 다음의 표를 완성한다. 아래의 표를 완성하는 방법 외에 독서카드를 이용하여 관찰자, 청자, 화자가 각각 상대에 대한 소감을 적은 후 당사자에게 전달하여 피드백을 주고받는다.

ㅁ 말하는 사람의 입장에서

상대방이 잘 들어줄 때 느껴진 감정	
상대방이 성의 없이 들을 때 느껴진 감정	

ㅁ 관찰자로서

듣는 사람이 말을 잘 들어줄 때 말하는 사람의 반응	
듣는 사람이 말을 잘 들어주지 않을 때 말하는 사람의 반응	
듣는 사람의 바람직한 경청자세	
듣는 사람의 바람직하지 않은 경청 자세	

□ 듣는 사람 입장에서

내가 상대방의 말을 잘 들을 때의 느낌	
내가 상대의 말에 판단을 내리고 의견을 내세울 때의 느낌	

• 경청 훈련을 통해 느낀 소감을 적는다.

경청을 위한 과제

• 거울을 통해 자기 얼굴을 1분간 바라보며 떠오르는 생각이나 느낌을 알아차린다. 이 작업을 2~3차례 반복한 후 생각이나 느낌을 기록한다.

2) 공감

공감이란 상대방의 느낌을 함께 느끼는 것을 말한다. 즉 상대방이 경험하는 기쁨과 슬픔, 좌절, 분노, 불안, 혼돈의 감정을 마치 나의 감정인 것처럼 느끼는 것이다. 그러나 상대방의 감정을 자신의 것으로 느끼면서도 자신의 감정과 혼돈하지 말아야 공감적 이해가 가능하다.

공감이 올바르게 이루어지면 상대와의 깊은 연결성이 느껴지면서 서로 간에 진실하고 판단이 개입되지 않은, 효과적인 소통이 이루어진다. 즉 공감적 피드백은 상대방의 행동이나 생각이 내 마음에 들지 않고 나의 기준과 많이 다르다 해도 그 사람의 입장에서라면 충분히 그럴 수 있으리라고 이해하면서 듣는 것이다. 그렇다고 해서 상대의 말이나 행동에 무조건 동의해야 하는 것은 아니다.

상대방의 사실적 경험, 생각, 느낌, 기대와 희망 그리고 욕구 등 내면세계가 명료해지고 이를 자유롭게 탐색하게 되면 상대방은 마침내 자신의 감정이 있는 그대로 받아들여지고 있음을 경험하게 된다. 이렇게 될 때 서로가 서로에 대해 배우며 성장할 수 있다.

공감할 때는 주의를 온전히 상대방에게 집중해야 한다. 모든 관심의 초점이 상대방에게 맞춰져야 한다. 상대방과 대화하면서 나의 불안, 걱정, 감정, 바라는 것 등에 마음을 두고 있으면 상대방은 자신이 받아들여지고 있지 않다고 느낀다.

(1) 공감적 반응의 원칙

다음은 일반적으로 공감적 피드백을 줄 때 지켜야 할 몇 가지 규칙이다.

① 즉각성

즉각성이란 시간을 지체하지 않는 것이다. 상대의 말을 이해했다면 너무 지체하지 말고 공감적 피드백을 하는 것이 좋다. 시간이 지날수록 대답하기의 영향력은 줄어든다.

예를 들어 "어제 남자친구와 싸웠는데 너무 힘들어"라고 말한 친구에게 이틀이나 지난 후에 "너가 남자친구와 싸웠다는 말을 생각해 봤는데……"라고 새삼스럽게 말하는 것은 공감의 효과가 떨어진다.

그러므로 대화 중에 상대방의 말에 즉시 대답하는 것이 중요하다.

② 일치성

당신이 느끼는 진정한 반응뿐 아니라 보이고 싶지 않은 부정적 느낌까지 정직하게 보여 줌을 의미한다.

예를 들어 당신이 상대방에게 잘못했다고 생각하더라도 위협을 느껴서 그 마음을 표현하기 쉽지 않은 경우라면, 이 감정까지도 솔직하게 피드백할 수 있어야 한다.

"내가 잘못했다는 생각이 들어 너에게 사과하고 싶었는데 혹시 내 사과를 받아들이지 않고 더

화를 낼까 봐 걱정되고 두렵기도 해서 많이 주저했어."라고 하는 것이다.

나의 마음 안에서 일어난 것까지 이야기하는 것이 정직한 피드백이다.

③ 지지

정직한 피드백을 한다는 이유로 상대방의 마음에 상처를 주어서는 안 된다는 의미이다. 부정적인 의견을 표현할 때는 상대방의 자존심을 상하게 하거나 약점을 이용하거나 위협적인 용어를 사용하는 대신, 상대를 존중하면서 부드럽게 표현하는 방법을 찾아야 할 필요가 있다.

예를 들어 "하고 싶은 일도 없고 기운도 없고 요새 같아서는 다 포기하고 싶어요. 제가 아무래도 능력이 모자란 일을 시작한 것 같아요."라고 말했을 때, "일이 뜻대로 잘 진행되고 있지 않아서 무척 스트레스를 받고 있군요. 자신의 능력에 대해서도 회의가 오고요. 지금 상태를 견디기가 쉽지 않을 거예요. 당장은 차라리 포기하는 것이 나을 것 같다는 생각뿐이겠지만, 지금 결정을 내리는 것보다 시간을 좀 두고 더 생각해 보는 것이 어때요?"하는 것이다.

상대방의 입장에서 생각하고 대답하면 진정한 공감적 대답이 가능하다.

(2) 공감 경험하기

① 가급적 피해야 할 반응

자신의 의견, 느낌을 강요하기. 또는 자신의 경험에 비추어 충고하기.

예) 친구 1 : 남자친구랑 헤어지고 나서 너무 힘들어. 잊으려 해도 자꾸 생각나고 즐겁게 지낸 시절이 그리워.

⇒ 친구 2 : 뭘 그렇게 헤매니? 남자가 그 애밖에 없어? 세상에 절반이 남자야. 그런 애는 빨리 잊어. 다른 애 소개해 줄게.

② 이상적 공감

상대방이 스스로 표현할 수 있는 것보다 더 깊은 내면의 감정을 표현하면서 의사소통을 하는 수준으로, 이를 통해 상대방은 이전에는 표현할 수 없었던 감정을 경험할 수 있다.

예) 친구 1 : 남자친구랑 헤어지고 나서 너무 힘들어. 잊으려 해도 자꾸 생각나고 즐겁게 지낸 시절이 그리워.

⇒ 친구 2 : 네가 남자친구랑 헤어지고 나서 많이 힘들구나. 헤어지니까 쓸쓸하기도 하고, 왜 그랬을까 후회스럽기도 하고, 혼란스럽고 허전하기도 할 것 같아.

(3) 공감의 수준

상담자는 대상자의 감정을 직감적으로 잘 알아차리고 그 다음 자신이 공감한 내용을 다시 대상자에게 전달하게 된다. 상담자가 표현하는 정확하고 적절한 공감 반응은 서로간의 대화를 순조롭고 깊이 있게 만들지만, 부적절하거나 형식적으로 사용된 공감은 상대의 반감을 불러일으킬 수 있다.

보통 우리가 표현하는 공감은 기본적 수준의 공감과 심화된 수준의 공감으로 나뉜다.

① 기초 수준

기초 수준은 상대가 이미 표현한 감정을 다시 되돌려 주는 수준의 반응이다. 실제로 상대의 표현 감정을 정확히 이해하는 반응을 하지만 보다 깊은 내면의 감정에는 반응하지 못하는 수준이다. 보통 상대의 말을 그대로 사용하여 되돌린다는 의미로 이것을 "앵무새 요법"이라고도 부른다. 이때 상대가 느끼는 감정을 함께 느끼며 전달하는 것이 중요하다.

예 1) 철수 : 전 잘하는 게 하나도 없는데 학교에서 누가 나랑 놀고 싶어 하겠어요. 집에서도 아빠는 제가 학교에 적응을 못하니까 포기하신 것 같아요. 아무 말도 없으시고 엄마는 저 때문에 속상해서 밥도 안 드시고.

⇒ 기초 수준의 공감 : 학교에서 친구들하고도 어울리기 힘들고 부모님이 속상해하시니까 네 자신이 너무 힘들겠구나.

예 2) 영희 : 어제 친구가 약속 시간에 늦게 나오고, 차는 늦게 오고, 정말 짜증 났어.

⇒ 기초 수준의 공감 : 어제 친구도 늦고 차도 안 오니 짜증스러웠겠다.

② 촉진 수준

촉진 수준의 공감은 상대가 스스로 표현한 것보다 더욱 내면의 감정을 표현하면서 의사소통을 하는 수준이다. 이 수준의 공감은 상대의 내면의 성장동기까지 알아차리고 그것을 표현하는 것이다. 그 결과 상대가 이전에는 표현할 수 없었던 감정을 표현하거나 경험할 수 있게 되고, 의사소통이 보다 촉진된다. 이때 상대가 말하는 것 속에 들어 있는, 스스로가 알아차릴 수 없었던 기대감과 욕구를 잘 살펴서 읽어 주면 상대는 상담자가 자신을 깊이 이해하고 있다는 공감 반응을 일으킨다.

예 1) 철수 : 반에서 공부 잘하는 아이들과 어울리면 제 공부에도 도움이 되겠지만, 전 잘하는 게 하나도 없는데 누가 나랑 놀고 싶어 하겠어요. 집에서도 아빠는 제가 학교에 적응을 못하니까 포기하신 것 같아요. 아무 말도 없으시고 엄마는 저 때문에 속상해서 밥도 안 드시고.

⇒ 촉진 수준의 공감 : 똑똑한 친구들과 어울리면서 공부도 잘하고 부모님도 기쁘게 해드리고 싶은데 (대상자가 마음속에 둔 기대와 욕구 알아차리기) 상황은 그렇지 못하니 얼마나 좌절감이 드니?

예 2) 영희 : 어제 친구가 약속 시간에 늦게 나오고, 차는 늦게 오고, 정말 짜증 났어.

⇒ 촉진 수준의 공감 : 오랜만에 만난 친구라 정말 기다려지고 설레었는데 (상대가 갖는 기대감 알아차리기), 친구도 늦게 오고 차도 막히고 어제 너무 짜증 났겠다.

촉진적 소통에서는 상대가 표현하고 있는 감정들 속에 들어 있는 좌절된 욕구나 기대감을 이해하는 것이 중요하다. 부정적인 감정은 자신 안에 있는 기대감들이 충분히 만족 되지 않았을 때 일어나는 것이다. 즉 기대가 없다면 감정적인 반응은 없다.

철수가 부모님에 대해 속상한 것은 철수 안에 부모님께서 만족스러워하는 아들이 되고자 하는 기대감이 있기 때문이며, 친구들과 어울리지 못하는 것이 불편한 것 역시 친구들과 누구보다도 잘 어울리고 인정받고 싶은 욕구가 있기 때문이다.

이렇게 겉으로 드러나 있지는 않으나 사람의 마음 안에 숨겨져 있는 욕구와 기대를 잘 살펴서 인정하고 표현할 때 서로의 관계가 편안해지고 이해도 높아질 것이다.

(3) 공감의 수준을 보다 세분화하여 연습하기

앞에서는 공감의 수준을 크게 기초 수준과 촉진 수준으로 나누었다. 여기서는 이를 더 세분화하여 수준을 살펴보자.

① 비공감 : 상대방에게 주의를 기울이지 않고, 표현된 감정을 완전히 무시하는 수준.
② 기계적 반응 : 상대방이 표현한 감정에 반응은 하지만 중요한 점을 빼고 말함
③ 기본적 공감 : 상대방이 표현한 감정이나 정서와 같은 의미의 의사소통을 함.
④ 심화된 공감 : 상대방이 표현한 것보다 더 내면적인 감정 표현을 인식하고 의사소통함.
⑤ 가장 높은 수준의 공감 : 상대방이 표현하려 한 내면의 의미를 정확히 알고, 상대방의 성장 동기를 파악하고 표현함.

예) "저 선배는 자꾸 나한테만 이것저것 시켜."

- 비공감 : 후배가 선배 말 좀 들으면 어디가 덧나니?
- 기계적 반응 : 네가 만만한 후배라서 그런가 보네.
- 기본적 공감 : 다른 후배들은 놔두고 너한테만 일을 시켜서 네가 힘들고 속상하겠다.
- 심화된 공감 : 너도 할 일이 많아 바쁜데, 자꾸 너한테만 일을 시키니 거절하기도 어렵고 곤란하겠네.
- 가장 높은 수준의 공감 : 너도 그 선배가 시키는 일을 기분 좋게 하고 싶지만, 너무 많은 일을 시켜서 부담이 되고, 적당히 거절하지 못한 네 모습에 화가 나 있구나.

연습 1 세분화된 공감 수준

다음의 문장들에 대해 공감 반응을 연습하기

"나는 둔한가 봐요. 이 훈련을 지금 몇 주째 했는데도 안 되네요."

⇨ 기본적 공감 :

⇨ 심화된 공감 :

⇨ 가장 높은 수준의 공감 :

"우리 엄마하고 말하기 시작하면 언제든 싸움이 돼 버려서 말하기가 싫어요."

⇨ 기본적 공감 :

⇨ 심화된 공감 :

⇨ 가장 높은 수준의 공감 :

"내가 그 친구에게 너무 심한 말을 했나 봐."

⇨ 기본적 공감 :

⇨ 심화된 공감 :

⇨ 가장 높은 수준의 공감 :

"저 선배는 항상 너무 상냥해서 부담스럽고 불편해요."

⇨ 기본적 공감 :

⇨ 심화된 공감 :

⇨ 가장 높은 수준의 공감 :

연습 2 공감적 대화 연습

선영이는 엄마와 함께 휴대폰을 사러갔다.

지금 사용하고 있는 것이 자꾸 고장이 나서, 선영이의 생일 선물로 엄마가 새 휴대폰을 사주시기로 하였다.

선영이는 새 휴대폰을 산다는 것에 기분이 들떠서 휴대폰 매장을 둘러보다가 아이돌 가수가 선전하는 최신 휴대폰에 눈길이 갔다. 그런데, 그것은 가격이 상당히 비쌌다.

엄마는 가격이 비싸다면서 다른 것을 고르라고 하였고, 선영이는 할 수 없이 저렴한 가격의 보통 휴대폰을 선택하게 되었다.

집에 돌아오면서 선영이는 새로 산 휴대폰을 보면서 점점 짜증을 내기 시작했다.

선영 : 이 휴대폰이 너무 무거워. 기능도 다양하지 않고...돈 더 주고 최신 것을 살 걸 그랬나 봐.

엄마 : 아무리 생일 선물이지만, 그래도 엄마가 빠듯한 살림에 새 핸드폰을 장만해줬으면

고맙다고 할 것이지 뭐가 그리 불만이야?

선영 : 그래도 친구들은 다 최신 것 들고 다닌단 말이야.

엄마 : 옛날에는 이런 것은 아예 가질 수도 없었어. 그래도 너희들은 호강하는 줄이나 알어.

선영 : 엄마는 매일 옛날에....따지면서 비교해? 그렇게 사주기 싫은데 왜 사줬데?

엄마 : 참 내...선물을 받고도 고마워 할 줄 모르네. 그냥 도로 갖다 주고 환불받을까?

선영 : 그러던지.....엄마 맘대로 해

엄마 : 앞으로 너한테 선물 같은 건 절대 안 해줘야겠네. 집안 형편도 모르고 허영만 부리기는....관둬라, 관둬 !!

질문. 선영이와 엄마와 마음을 공감하고 공감적 표현을 해보자.

1. 선영이의 마음은 어떠했을까?

2. 엄마의 마음은 어떠했을까?

3. 엄마와 선영이가 좀 더 공감적으로 서로의 마음을 읽는다면 각각 어떤 방식으로 말을 할 수 있을까? (공감적으로 반응한 상황을 역할극으로 연습해보자.)

   *선영에 대한 엄마의 공감적 반응 :

   * 엄마에 대한 선영의 공감적 반응 :

조별 집단 과제

- 영화, 드라마에서 공감적 반응이 잘 표현된 부분을 5분 분량 정도 캡쳐하여 발표하기

3. 효과적인 의사소통 기술의 실제

효과적인 의사소통 기술은 일상의 대화에서도 유용하지만 특히 상담상황에서 상담자(상담을 해주는 사람)와 대상자(상담을 받는 사람) 사이의 소통의 목적을 달성하기 많이 사용된다. 즉 이러한 소통의 기술을 사용하면 대상자가 보다 지지받고, 자유롭게 자신을 표현하도록 허용되며, 자신의 생각을 정리해나가는 것에 도움이 될 것이다.

1) 침묵(Silence)

침묵은 경청(Listening)이 전제되어 동반되는 기술이다. 긍정적이고 수용적인 침묵은 가치 있는 의사소통 기술로 대상자에게 말할 수 있는 용기를 주며, 의사소통에 참여하는 모두에게 생각을 정리할 시간을 준다. 또한 수용, 관심, 지지를 전달한다. 그러나 침묵의 효과는 상대방이 침묵을 어떻게 받아들이느냐에 따라 달라지므로 조심스럽게 사용해야 한다.

예) **대상자** : "부모님이 이혼을 하시겠다는데 전 어떻게 해야 할지 모르겠어요. 두 분의 헤어짐에 대한 불편한 마음을 어떻게 표현해야 할지 막막합니다.(흐느껴 울기 시작한다.)"
상담자 : (침묵하며 그녀가 충분히 울도록 허용해 준다.)

대상자의 슬픔을 함께하며 감정을 충분히 표현하도록 허용하면서 기다려 주는 것은 어떤 위로의 말보다 더 수용과 지지의 효과를 발휘할 수 있다.

2) 인도(Leading)

인도는 말문을 열 수 있도록 도와주는 것으로, 관계를 처음 시작하는 단계에서 유용하다. 인도의 목적은 대상자 중심의 개방적인 대화를 하도록 격려하기 위함이다.

예) **상담자** : "지난 1주일 동안 무슨 일이 있었나요?"
"어제 친구와 다툰 후 기분이 어땠나요?"
"취업한 지 1달 되었는데, 직장 생활이 어떤지 궁금합니다."

3) 질문(Questioning)

상대에게 질문할 때는 "예" 또는 "아니요"로 대답하게 되는 '폐쇄형'보다는 자신의 생각과 감정을 표현할 수 있는 '개방형'을 사용하는 것이 효과적이다.

예) **대상자** : "요즘 스트레스 때문에 밥도 못 먹고 잠도 못 자고 있어요."
상담자 : (개방형 질문) "스트레스가 구체적으로 무엇인가요?"

(폐쇄형 질문) "스트레스가 심한가요?"

4) 수용(Accepting)

수용은 상대방의 표현을 비평 없이 있는 그대로 받아들이는 것으로 단순한 동의나 칭찬과는 다르다. 수용을 통해 대상자는 이해받는 느낌을 가져 긴장감이 줄어든다. 대상자가 전달하는 언어적 내용보다는 감정을 수용하면서 지지하는 것이다.

예) 대상자 : "남자친구랑 헤어진 지 벌써 6개월이 넘었는데 아직도 벗어나지 못하고 있는 제가 한심스러워요. 아무리 잊으려 해도 갑자기 생각나고 저도 모르게 전화를 걸어 매달리고... 이런 제가 형편없는 것 같아 속상한데 어쩔 수가 없어요."
상담자 : "그래요. 자신도 어쩔 수 없이 벌어지는 일에 속상할 거예요. 깔끔하게 잊고 싶지만 그렇게 되지 않는 자신이 당황스럽다는 것을 이해해요."

5) 재진술(Restating)

재진술 또는 반복하기는 대상자의 말을 그대로 반복하는 기법으로 대상자의 말을 경청하고 있음을 전달할 뿐만 아니라 제대로 이해했는지를 확인할 수 있다.

예) 대상자 : "이번 학기엔 꼭 장학금을 타야 해요. 경제적으로 여유가 없어서 장학금 말고는 방법이 없어요. 그래서 너무 불안하고 집중력이 떨어지는 것 같아요."
상담자 : "장학금을 꼭 타야 한다는 생각 때문에 불안감이 높아지고 집중이 안 된다는 말씀이시지요?"

6) 재구성(Paraphrasing)

재구성 또는 바꿔 말하기는 대상자의 말과 같은 뜻을 가진 다른 언어를 사용하여 표현하는 기법으로 대상자의 말을 다른 말로 해석하여 확인하는 것이다. 이는 대화 내용에 대한 상호 간의 이해를 명확히 할 수 있으며 상대방의 이야기를 잘 듣고 이해하려는 듣는 이의 노력이 전달될 수 있다.

예) 대상자 : "친구들은 모두 남자친구가 있는데 난 여전히 혼자인 것이 너무 서글퍼요. 다른 사람들보다 못났다고 생각하지 않는데 이성을 만나는 것이 어렵고 두렵기만 해요. 곧 졸업인데 이렇게 변변한 이성관계도 못하고 사회로 나간다는 것이 한심하기만 해요."
상담자 : "다른 친구들처럼 편안하게 이성관계(남자친구)를 만들어 보고 싶다는 얘기군요."

7) 명료화(Clarification)

명료화는 대상자의 말이 막연하거나 혼동되거나 여러 가지로 해석될 가능성이 있을 때 메시지의 내용을 분명히 하기 위해 사용되는 기술이다.

예) **대상자** : "나는 오늘 저녁 모임처럼 사람들이 많은 곳을 좋아하지 않아요."
상담자 : "당신의 말은 오늘 저녁 모임에 가지 않겠다는 말인가요? 아니면 단지 사람들이 많은 곳을 싫어한다는 말인가요?"

8) 반영(Reflecting)

반영은 대상자의 말의 내용, 생각, 느낌을 공감적으로 되돌려 표현하는 것으로 단순한 재진술 이상의 기술이다. 반영을 통해 대상자의 경험을 이해하는 것은 물론 관심, 공감, 존중을 전달하게 된다. 반영에는 내용의 반영과 감정의 반영이 있다.

① 내용의 반영 : 메시지의 내용 또는 어떤 사실(대상자에게 있었던 상황)을 간결하고 분명하게 반복하거나 바꿔 말하는 것이다.

예) **대상자** : "지금 막 떠난 사람이 제 오빠예요. 나는 몇 년 동안 오빠를 보지 못했어요. 그런데 이번엔 오빠가 절 보기 위해 멀리 강릉에서 왔어요. 오빠를 다시 보게 된 것만으로도 너무 기뻐요."
상담자 : "오랫동안 보지 못했던 오빠가 당신을 보기 위해 찾아왔군요."

② 감정의 반영 : 대상자의 메시지 내용과 관련된 느낌(감정)을 표현해 줌으로써 대상자가 막연히 느꼈던 자신의 느낌(감정)을 정확히 알게 하는

예) **대상자** : "지금 막 떠난 사람이 제 오빠예요. 나는 몇 년 동안 오빠를 보지 못했어요. 그런데 이번엔 오빠가 절 보기 위해 멀리 강릉에서 왔어요. 오빠를 다시 본 것만으로도 너무 기뻐요."
상담자 : "오랜만에 오빠를 본 것이 무척 기쁘고 행복했군요."

반영기법을 사용할 때는 판에 박힌 상투적인 반응, 부적절한 타이밍(timing), 느낌의 부적절한 깊이, 대상자의 문화적 경험이나 교육 수준에 맞지 않는 반응이 되지 않도록 주의해야 한다.

9) 정보 제공(Giving information)

정보 제공은 대상자 자신의 문제와 상황을 이해하도록 돕는데 필요한 정보를 제공하는 것이다. 정보 제공의 의사결정권은 치료자가 아닌 대상자에게 있다. 경우에 따라서는 정보를 제공

할 수 있는 다른 사람에게 연결시키기도 한다.

예) 대상자 : "저는 2교대 택시기사입니다. 밤 근무가 끝나고 새벽에 집에 가면 잠을 잘 수 없어 고통스럽습니다. 왜 잠을 잘 수 없는지 모르겠어요."
상담자 : "일상생활과 수면 일정이 불규칙한 것이 불면의 원인일 수 있습니다."

10) 초점 맞추기(Focusing)

초점 맞추기는 대화의 흐름을 목표 지향적이고, 구체적이며, 확실하게 유지하는 기술로 대상자가 여러 가지 이야기를 하여 대화의 주제가 모호해지거나 산만해질 때 한 주제로 일관성 있게 이야기하도록 돕는다.

예) 대상자 : "아빠를 대하는 것이 가장 힘들었어요. 성격이 괴팍하고 말도 함부로 하셔서 어려서부터 동생과 제가 상처를 많이 받았어요. 동생은 성격이 소심한데다 친구들한테 상처 많이 받아서 제가 보기엔 정상이 아닌 것 같아요. 동생 친구들은 질이 나빠요. 동생을 이용만 해요."
상담자 : "아빠 때문에 본인뿐 아니라 동생도 힘들었다는 얘기군요. 아빠에 대해 좀 더 이야기해볼까요?"

11) 해석(Interpreting)

대상자가 피하고 있거나, 부분적으로 또는 전체적으로 깨닫지 못하고 있는 자신의 내면 상태를 새로운 각도로 볼 수 있도록 돕는 기술이다. 다시 말해, '해석'은 대상자에게 기존의 틀을 벗어나 새로운 틀에 따라 상황을 인식하도록 도와준다.

예) 대상자 : "전 남자친구에게 실망했어요. 어제도 만나기 1시간 전에 약속을 취소했어요. 어쩌면 저를 만나기가 싫었을지도 모르죠. 아니면 다른 여자를 만나려고 했을 수도 있죠. 헤어져야겠어요."
상담자 : "당신은 어제 남자친구와 만남이 이루어지지 않은 것 때문에 남자친구를 의심하고 헤어짐을 생각하고 있군요. 남자친구가 회사 일로 급한 일이 있었던 것은 아닐까요?"

12) 직면(Confronting)

직면은 직접적이고 정직하게 대상자의 문제에 의혹을 제기하여 인식시키는 기술이다. 특히 대상자의 말과 행동, 말과 감정, 감정과 행동, 등이 불일치하거나 전과 다를 때, 이를 인식하도록 직면의 기술을 사용한다. 단, 직면은 도전과 노출로 인해 위험부담이 많으므로 대상자와 신뢰가 생긴 이후에 사용해야 한다.

예) **대상자** : "전 친구를 만들려고 동호회에 가입했어요. 사람들에게 잘하고 싶지만 여전히 마음이 불편하고 선뜻 다가가기가 어려워요. 사람들은 원래 이기적이고 자기 이익만 챙기죠. 나에게 무언가를 요구하는 친구는 필요 없다고 생각해요."
상담자 : "당신은 사람들에게 잘하고 싶다고 얘기하면서도 당신에게 무언가를 요구하는 친구는 필요 없다고 말씀하시는군요. 친구를 만들기 위해 동호회 활동을 한다고 하셨지요?"

13) 연결(Connecting)

두 사건이나 경험, 감정 등을 연결지어서 대상자에게 반응하는 것으로 과거의 경험과 현재 행동을 연결하거나 두 사람 사이의 생활 스트레스 내 긴장을 연결할 수도 있다.

예) **대상자** : "엄마는 늦게 되면 늦는다고 연락을 하라고 하는데 전 항상 연락을 안 해요. 늦는다고 연락하면 왜 늦느냐고 심하게 잔소리를 하죠. 어차피 연락해도 혼나고 연락 안 해도 혼나는데 한 번만 혼나자는 마음으로 아예 연락을 안 하고 늦게 들어가 버리죠. 그래서 엄마랑 심하게 다투게 되요."
상담자 : "어렸을 때 엄마가 일을 나가시면 늘 밖에서 기다렸다고 하셨지요? 그때마다 엄마는 기다리지 말라고 혼냈다고 하셨지요? 엄마를 무작정 기다리는 마음은 어떠했나요?"
대상자 : "두려웠고 화가 났어요. 난 엄마가 언제 올지 너무나 기다려지는데 엄마는 제가 밖에서 기다리면 불같이 화를 냈으니까요. 그래서 몰래 숨어서 엄마를 기다렸어요. 내 맘을 몰라주는 엄마가 미웠어요."
상담자 : "그때의 심정을 떠올려 보세요. 지금 엄마가 느끼는 감정과 공통점이 있을까요?"
대상자 : "네. 지금 엄마가 날 기다리는 마음이 꼭 그때 내 마음 같았을 거예요. 불안하고 연락 없이 늦는 게 화가 나고. 마치 어릴 때의 제가 엄마한테 복수하고 있는 느낌이에요."

14) 피드백(Feedback)

피드백은 대상자의 행동이 치료자에게 어떻게 영향을 미치고, 치료자가 대상자의 행동을 어떻게 인지하는지 알게 도와주는 기술이다. 그러나 피드백의 사용이 대상자를 위협하거나 방어를 증가시키도록 조장하면 안 된다.

피드백을 사용할 때는 다음과 같은 점을 유의한다.

- 대상자가 피드백을 받을 준비가 되었을 때 사용한다.
- 대상자의 존재가 아니라 행동에 대한 의견을 제시하는 것이다.

- 변화할 수 있는 문제에 대해 피드백을 사용한다.
- 피드백은 최근에 있었던 행동에 대한 반응이어야 한다.
- 피드백이 대상자에게 도움이 되었는지, 관계가 향상되었는지 등을 확인한다.

예) 대상자 : "죄송해요. 오늘은 버스가 늦게 와서 또 늦었어요."
상담자 : "시간에 다 되었는데도 연락도 없이 오시지 않아서 제가 많이 기다렸어요, 그리고 혹시 무슨 일이 생겼나 걱정도 했어요. 미리 연락을 하였으면 걱정을 덜 하였을 텐데, 좀 아쉽네요."

15) 요약(Summarizing)

요약은 대화가 끝날 무렵에 그동안 나눈 대화의 내용과 느낌 및 생각들을 하나의 문장으로 정리해 주는 것이다. 요약의 주요 목적은 대상자가 미처 인식하지 못한 면을 알게 하고, 문제 해결 과정을 인식하며, 대상자의 생각과 느낌을 탐색하도록 돕는 데 있다. 가능하다면 대상자 스스로 요약을 하는 것이 좋은데, 이것은 대상자가 자신의 생각이나 느낌에 대해 책임감을 갖게 할 뿐 아니라 대상자의 이해 여부를 확인할 수 있기 때문이다.

예) 대상자 : "전 항상 친구 관계가 복잡하게 꼬여요. 괜한 오해들도 많고 아마도 제가 제 감정 표현을 제대로 못해서 그런가 봐요. 무심한 성격이어서 친구들이 섭섭한 경우도 많을 거예요. 제 성격이 이런 걸 어떻게 하겠어요. 성격이 금방 바뀌지도 않을 텐데. 제가 이런 성격인 걸 친구들이 이해하고 좀 참아 주면 좋겠다는 생각이 들어요."
상담자 : "오늘은 당신과 친구들 사이의 문제가 자신의 무심한 성격 때문이며 친구들이 이해해주길 바라는 마음에 대해 이야기했습니다."

16) 유머(Humor)

유머는 긴장을 감소시키고, 공격성을 누그러뜨리며, 억제되었던 주제를 의식하게 함으로써 통찰력(insight)을 증진시키는 효과가 있다. 그러나 갈등 상황이나 위급한 상황을 가볍게 넘어가려한다고 인식하는 경우에는 비효과적일 수 있으므로 주의 깊게 사용해야 한다.

예) 수술 후 통증을 호소하는
대상자 : "너무 아파요."
간호사 : "어떻게 얼마나 아프신가요?"
대상자 : "계속 길게 아파요."
간호사 : "얼마나 길게 아프신가요? 여우 꼬리만큼이요 아니면 토끼 꼬리만큼이요."

대상자 : (아픈 가운데서도 웃으며) "여우 꼬리"

의사소통이 적절하고 자연스러울수록 인간관계는 물론 다른 모든 기능들도 자연스럽고 조화롭게 된다. 사람들 사이의 적절하고 현실적이고 건설적인 의사소통은 심리적, 정서적, 신체적 건강을 향한 기본적인 첫걸음이다. 스스로 자신의 의사소통 형태를 인식하고 발전시키며, 다른 사람들과 효과적인 의사소통을 위해 노력하고, 더 나아가 효과적인 의사소통에 대해 교육함으로써 가족은 물론 지역사회 내에서 개개인의 건강을 증진 시킬 수 있을 것이다.

그룹토의

자신이 주로 사용하고 있는 효과적인 의사소통기술은 무엇인지 살펴보고, 앞으로 추가하여 사용하고 싶은 효과적인 의사소통기술 세 가지를 골라 그룹원들과 함께 이야기한다.

CHAPTER 07

비효과적 의사소통 (수업 11주차)

CHAPTER 07 비효과적 의사소통(수업 11주차)

단원의 목적

의사소통을 하는 데 있어서 비효과적인 대화 방식을 살펴보고 지양한다.

성취목표

1. 타인과의 효과적인 의사소통을 방해하는 대화 방식들을 판별한다.
2. 판별된 대화 방식들이 비효과적인 이유를 설명할 수 있다.

1. 비효과적 의사소통

비효과적 의사소통은 대화에 있어서 도움이 되지 않는, 오히려 서로의 효과적인 의사소통을 방해하는 대화 방식이다. 우리는 다른 사람과의 대화를 어렵게 만드는 표현들을 일부러 사용하지는 않는다. 오히려 어떻게 하면 상대방과의 대화가 원활히 이루어지고 서로가 목적하는 바를 이룰 수 있는지를 고민하면서 적절한 대화기술을 사용하려고 노력한다. 그러나 우리가 흔히 생각하기에 '도움이 될 것 같은' 방법들이 오히려 원활한 의사소통을 방해할 수 있다. 그러므로 자신의 대화 방식들을 하나하나 점검하면서 그것들이 과연 효과적인지, 비효과적인지 '상대의 입장에서' 살펴볼 필요가 있다.

비효과적 의사소통이란 기본적으로 상대의 이야기를 들으려고 하지 않는 데서 비롯된다. 상대의 입장에서 그의 감정, 생각과 상황에 대해 귀 기울이기보다는 나의 판단과 욕구를 앞세워 상대방에게 일방적으로 내 생각을 주입함으로써 그를 변화시키려 할 때, 서로의 효과적인 의사소통은 방해를 받는다. 이러한 대화 방식이 지속될 때, 상대방은 더 이상 소통하려는 시도를 하지 않게 된다. 자신이 이해받지 못한다고 생각하여 소외감을 느끼며, 스스로 결정하지 못하고 의존적인 성향을 키워 결국 인간적인 성숙을 하지 못하게 된다.

그렇다면 우리가 상대에게 도움이 될 것이라고 착각하여 흔히 사용하는 비효과적인 의사소통에는 어떤 것들이 있을까? 다음에서 제시하는 상황을 읽고, 여러분 스스로 비효과적인 대화방식들을 찾아내는 연습을 해 보자.

연습 1 비효과적 의사소통 경험하기

중간고사를 봤는데, 밤새 열심히 공부했음에도 불구하고 기대했던 것보다는 성적이 잘 나오지 않아 실망하고 있었다. 이때 당신 주변의 가까운 사람들(가족이나 친구)이 보였던 일반적인 반응은 어떠했는가? 그리고 그런 반응을 경험하는 당신의 기분은 어떠했는가?

연습 2 비효과적 의사소통 판별하기

다음은 엄마와 딸의 대화이다. 주어진 상황과 대화 내용을 보고 엄마가 사용하는 대화에서 어떤 것이 비효과적인지 살펴보자. 딸과의 대화에 있어서 엄마의 부족한 점이 무엇인지, 잘한 점이 무엇인지에 대해서도 함께 이야기하자.

오늘은 딸이 학교에서 중간고사를 치른 날이다. 어제 밤늦게까지 열심히 공부했으니 시험을 잘 봤을 것이라고 기대한 엄마는 현관문을 열고 들어선 딸의 시무룩하고 화난 표정을 보고 한마디 한다.

엄마 : 우리 딸, 오늘 시험 잘 봤니? 표정이 어두운 걸 보니 못 본 모양이구나. 왜? 모르는 문제가 많았어? 몇 개나 틀렸는데?

딸 : (대답하지 않고 소파에 가방만 던지고 방으로 들어간다.)

엄마 : 왜? 도대체 몇 개나 틀렸기에 그렇게 울상이야? 어제 공부 열심히 한 것 같더니만 왜 그랬을까? 말 좀 해봐.

(딸의 방에 따라 들어가는데, 딸이 책상에 엎드려 울고 있다.)

엄마 : 아니, 왜 울어? 시험 못 봤다고 우는 거니? 괜찮아. 못 볼 수도 있는 거지. 엄마도 학교 다닐 때 시험공부 열심히 했는데 실수로 틀리거나, 미처 못 본 문제 나와서 틀린 경우들 많아. 다음에 만회하자. 우선 틀린 문제들이 뭔지 다시 확인해 보고 다음에는 절대 안 틀리도록 하자. 중간고사는 더 큰 시험을 위한 연습이니까 여기서 배우면 되는 거야. 그렇게 울고 있을 시간에 한 글자 더 보겠다. 너무 속상해하지 마. 뭐 겨우 그거 가지고 우니? 괜찮다니까. 아휴, 네가 우니까 엄마가 야단을 칠 수가 없네. 그만 그쳐. 다음에 더 잘 보면 되지. 그만 뚝!

딸 : (한참 울다가 그치며) 시험 못 본 것 때문에 속상한 게 아니야.

엄마 : 왜? 시험 말고 무슨 일 있었니? 친구들하고 싸웠니? 아니면 선생님께서 야단을 치셨니? 말 좀 해봐라. 엄마가 답답하구나.

딸 : (말하지 않고 화난 표정을 지으며 눈물을 닦고 있다)

엄마 : 너 자꾸 이렇게 말 안 하고 인상만 쓰고 있을래? 시험 못 본 것도 아니다, 친구들이나 선생님 때문도 아니다. 도대체 왜 그러는데? 속 시원하게 말 안 하면 엄마가 네 친구나 선생님께 전화해 볼 거야. 네가 말을 안 하니까 이유를 모르겠잖아. 세상에, 너는 어릴 때부터 말

도 잘 안 하고 울기만 하더니 언제까지 이럴 거야? 네가 말 안 하면 남들이 네 속을 어떻게 알아? 어서 말해 보라니까. 넌 혼자 끙끙 앓는 그게 문제야.

딸 : 엄마, 제발 날 좀 내버려 둬. 나도 생각할 시간이 필요해. 엄마가 자꾸 옆에서 캐물으니까 내가 더 힘들어. 엄마는 내 맘도 모르면서 왜 자꾸 괴롭혀?

엄마 : 엄마가 얼마나 네 마음을 알아주려고 애쓰는데, 너는 서운하게 그런 말을 하니? 내가 너를 괴롭히다니……. 도대체 내가 너에게 못해 준 게 뭔데? 얘가 괜히 밖에서 기분 상해 와서 나한테 화풀이하네. 내가 너 때문에 바친 시간과 노력이 얼마나 많은데, 나한테 그런 말을 하니? 정말 서운하다, 서운해.

딸 : 엄마, 나는 단지 내가 생각을 정리할 시간이 필요한 거야. 그러고 나서 엄마에게 말해도 늦지 않잖아? 그런데 엄마가 그렇게 흥분하면 내가 더 신경 쓰이잖아. 사실, 오늘 오다가 초등학교 동창을 만났는데, 그 아이가 나에게 고등학생이 되더니 살이 심하게 쪘다면서 나를 비웃는 것 같이 말하잖아. 초등학교 때는 내가 자기보다 더 예쁘고 날씬했는데, 이제는 자기가 나보다 훨씬 낫다는 식으로. 사실 그때는 내가 그 애보다 더 인기 있고 예쁘다고 남들이 말했는데, 오늘 보니까 그 애는 고등학생인데도 멋 부리고 외모에 신경 쓰는지 교복도 세련되게 입었더라고. 그냥 그것까지는 괜찮은데, 다른 친구들 있는데 나한테 그렇게 노골적으로 말하니까 기분이 나빴어.

엄마 : 그래? 걔가 그렇게 말했어? 그래서 너는 뭐라고 했는데?

딸 : 그냥…… 공부만 하다 보니까 이렇게 됐는데, 나중에 대학 가면 다시 예전 모습으로 돌아갈 거라고 쏘아붙였지. 그래도 기분이 안 좋아.

엄마 : 그래, 말 잘했다. 네 생각이 맞아. 지금이 어느 땐데 외모에 신경을 쓰니? 그냥 열심히 공부만 해. 나중에 대학 가면 멋쟁이가 되도록 엄마가 도와줄게. 그리고 넌 원래 예쁘게 생겨서 고칠 데도 없고, 피부도 좋으니까 반드시 걔보다 더 세련되고 예쁘게 될 수 있을 거야. 너무 마음 쓰지 마. 지금은 그냥 공부에만 전념하는 거야. 알겠지? 우리 시험도 끝났으니 기분 전환할 겸 엄마랑 영화나 보러 갈까? 엄마와 딸이 함께 보면 좋은 영화가 나왔더라. 영화 보면서 속상한 기분 다 잊는 거야.

질문. 주어진 상황과 대화 내용을 보고 엄마가 사용하는 대화에서 어떤 것이 비효과적인지 살펴보자. 딸과의 대화에 있어서 엄마의 부족한 점이 무엇인지, 잘한 점이 무엇인지에 대해서도 함께 이야기하자.

2. 비효과적 의사소통의 실제

일상생활에서 또는 상대방에게 도움이 될것 이라고 생각해 쉽게 사용하지만, 실제로 대화를 방해하거나 의도와는 다르게 효과가 없는 의사소통 방식은 다음과 같다.

1) 폐쇄적 질문하기

폐쇄적인 질문은 상대방이 '예 / 아니오' 로 대답하게 되는 질문이다. 이는 대상자의 다양한 표현을 방해하고, 상담자(질문하는 사람)가 자신의 의도를 내세우는 것으로 보일 수 있다. 폐쇄적 질문 중에 '왜'를 이용한 집요한 질문들도 대상자가 대답하기 위해 말을 만들고 변명할 우려가 있으므로 가능하면 사용하지 않도록 한다.

예) 상담자 : "오늘은 기분이 좋으십니까?"
>> 효과적 기술 : "오늘은 기분이 어떠십니까?"

2) 과도한 질문하기

과도한 질문(꼬치꼬치 캐묻기)은 대상자에 대한 진정한 관심보다는 사건 자체에 대한 흥미를 가진 있는 것으로 보일 수 있으며, 대상자가 심문받는 느낌이 들 수 있으므로 자제해야 한다.

예) 상담자 : "왜 아내와 이혼했습니까? 아내에게 무슨 문제가 있나요?",
"지금 아내가 궁금하신가요?", "아내와 재결합 의사가 있으신가요?"
>> 효과적 기술 : "아내와 무슨 일이 있었는지 궁금합니다."

3) 스스로 짐작하여 단정 짓기

대상자의 말이나 생각, 감정을 상담자의 생각과 기준으로 단정 짓는 것은 대상자가 이해 받지 못한다고 느끼게 하기 때문에 비효과적이다.

예) 상담자 : "오늘 표정이 어두운 것을 보니 어제 내가 한 말에 기분 상했나 보군요."
>> 효과적 기술 : "오늘 표정이 어두우신데 무슨 일이 있었나요?"

4) 지나친 칭찬과 동의하기

막연한 칭찬과 무조건 동의는 판단의 기준이 대상자가 아닌 상담자(칭찬하는 사람)에게 있음을 전달할 수 있으며, 결국 대상자 자신의 판단이 아닌 상담자의 판단에 맞추게 조장하는 결과를 초래한다. 따라서 칭찬은 막연한 것이 아니라 구체적인 점에 대한 표현이어야 하며, 대상자의 의견에 무조건 동의하는 것은 신중해야 한다.

예 1) 대상자 : "저는 앞으로 열심히 살 생각입니다."
상담자 : "제가 생각한 대로 잘하고 계십니다."
>> 효과적 기술 : "그렇게 생각하셨군요."

예 2) 대상자 : "제가 그룹 활동에서 A씨에게 한 말이 맘에 걸려요."
상담자 : "그룹 활동에서 당신이 A씨에게 한 말에 대해 저도 동의합니다."
>> 효과적 기술 : "그룹 활동에서 당신이 A씨에게 말을 했을 때 기분은 어땠나요?"

5) 대상자의 의견에 성급하게 반대하기

대상자의 의견에 대해 심사숙고하지 않고 반대되는 말을 한다면, 대상자는 자신의 의견이 아니라 존재 자체를 거부당했다고 오해할 수 있다.

예) 대상자 : "사람들은 모두 나의 존재를 인정하지 않아요."
상담자 : "그렇지 않을 겁니다."
>> 효과적 기술 : "몹시 속상했겠어요. 그렇게 생각하게 만든 일이 무엇이었나요?"

6) 판단하고 비난하기

대상자의 생각이나 느낌, 행동을 대해 판단하거나 비난하는 것은 판단의 기준이 상담자에게 있음을 나타내며, 대상자를 위축되게 하거나 방어적으로 만든다.

예) 대상자 : "엄마에게 화가 나서 죽어버리라고 했어요."
상담자 : "그건 당신이 잘못한 거예요. 그런 말을 하다니 정말 어리석었군요."
>> 효과적 기술 : "그렇게 말한 것에 대해 지금은 어떻게 생각하십니까?"

7) 명령하기

대상자에게 명령조로 말하는 것은 상담자가 대상자보다 우월한 위치에 있음을 암시하기 때문에 존중받는다는 느낌을 갖기 어렵다.

예) 대상자 : "좀 더 생각해봐야겠어요."
상담자 : "이제 그만 생각하고 행동으로 옮기세요."
>> 효과적 기술 : "무엇을 더 생각해봐야 하는지 이야기해 볼까요?"

8) 강요하기

대상자의 기분이나 입장을 고려하지 않고 상담자의 요구만을 강요하는 것은 대상자가 무시당하는 느낌을 갖게 하여 위축감과 반발심이 생기게 된다.

예) 대상자 : "저는 그 아이가 왠지 모르게 싫어요."
상담자 : "내가 여러 번 말하지만, 제발 그 아이에게 친절하게 대해 주세요."
>> 효과적 기술 : "그 아이와 무슨 일이 있었나요?"

9) 경고하고 협박하기

대상자에게 조건을 달거나 약점을 잡아서 협박하는 것은 서로 동등한 관계가 아님을 나타내는 것이며, 대상자를 불안하게 한다.

예) 대상자 : "저는 여전히 쓸모없는 사람인 것 같아요."
상담자 : "한 번 더 그런 말을 하면 더 이상 상담을 진행하지 않겠습니다."
>> 효과적 기술 : "자기 자신에 대해 실망한 일이 있었나 봅니다. 무슨 일인가요?"

10) 충고하고 해결방안 제시하기

대상자가 충분히 고민하지 않은 상태인데 상담자가 일방적으로 충고하고 해결책을 제시하는 것은 대상자 스스로 문제를 해결할 수 있는 능력을 방해하거나 의존적으로 만든다. 또한 문제가 해결되었다 하더라도 성취감, 자존감을 느끼지 못하게 되며, 문제 해결에 실패했을 때 자신의 책임을 회피한다.

예) 대상자 : "남자친구에게 험한 말을 했는데 그럴 수도 있다며 다 받아주는 거예요.
그렇게 심하게 말하지 말았어야 했는지도 모르겠어요."
상담자 : "남자친구가 그렇게 말하면 그냥 가만히 듣고 있는 게 나을 거예요.",
또는 "당장 그를 찾아가서 미안하다고 사과하는 게 어떨까요?"
>> 효과적 기술 : "남자친구에게 한 말에 대해 후회하고 있는 것처럼 들립니다."

11) 표현한 감정을 가볍게 넘기기

대상자의 감정 표현을 상담자의 기준으로 판단하여 가볍게 넘기는 것은 대상자가 자신의 감정을 솔직히 표현하는 것을 방해하고 무시당했다는 느낌을 줄 수 있다. 대상자가 처한 상황을 상담자가 어떻게 받아들이느냐에 따라 의사소통의 효과는 차이가 있다.

예) 대상자 : “친구가 저보고 흑돼지같이 까맣대요. 정말 기분이 나빠요.”
상담자 : “농담인데 뭐 그런 일로 기분이 나쁘십니까? 너무 예민한 것 같아요.”
>> 효과적 기술 : “그런 말을 들었을 때 어떤 기분일지 이해할 수 있습니다.”

12) 화제 바꾸기

상담자가 대상자의 이야기를 부담스러워하거나, 대상자에게 관심을 충분히 기울이지 않는 경우에 화제를 바꾸게 된다. 이때 대상자는 거절당했다는 느낌이 들기 때문에 대화할 의욕이 없어진다.

예) 대상자 : “A 교수님은 학생들을 너무 무시하는 거 같아요.”
상담자 : “이제 그런 얘기는 그만하고, 어제 만났던 친구 이야기를 해 봐요.”
>> 효과적 기술 : “A 교수님과 무슨 일이 있었나요?”

13) 안심시키기

확실한 보장 없이 막연히 안심시키는 말을 하는 것은 대상자보다는 오히려 상담자의 불안을 제거하여 안심하기 위한 방법이거나 대상자의 불안 호소를 더 이상 듣고 싶지 않다는 의미로 보일 수도 있다. 대상자를 섣불리 안심시켜 실망과 걱정에 대한 이야기를 차단하는 것보다 표현을 격려하는 것이 효과적인 의사소통이다.

예) 대상자 : “제가 이 과정을 잘 해낼 수 있을까요?”
상담자 : “당신은 점점 더 좋아질 거예요. 너무 걱정하지 마세요.”
>> 효과적 기술 : “이 과정을 해내지 못할까 봐 걱정이시군요. 무엇이 제일 걱정되는지 이야기 해 볼까요?”

14) 자신이나 자신이 속한 집단을 방어하기

대상자가 상담자 또는 다른 사람에 대해 불만을 표시할 때, 방어적인 자세로 변명을 한다고 하여 상대방의 불만이 없어지는 것은 아니다. 오히려 대상자가 그의 불편한 생각을 말하도록 격려하고 잘 들어주면서 기분에 공감하는 것이 효과적인 의사소통이다.

예) 대상자 : “이 병원은 서비스가 엉망이예요. 다른 병원보다 훨씬 못하네요.”
상담자 : “저희는 환자들의 불편을 줄이기 위해 최선을 다하고 있습니다.”
>> 효과적 기술 : “우리 병원 서비스가 마음에 들지 않으시군요. 어떤 점이 불편한지요?”

15) 일반화하기

모두가 당연히 그럴 것이라는 일반화된 생각은 개인의 특이성, 개별성을 부인하는 것이다. 사람마다 느끼는 것, 생각하는 것, 받아들이는 것이 다를 수 있음을 명심하고 그것을 존중하는 태도가 필요하다.

예) 대상자 : "저는 최근 죽고 싶다는 생각이 자주 듭니다."
상담자 : "사람들은 누구나 살면서 죽고 싶다는 생각을 할 때가 있죠."
>> 효과적 기술 : "최근 많이 힘든 일이 있었나 봅니다. 구체적으로 죽음의 방법, 시기 등을 생각하고 있는 것이 있나요?"

16) 습관적이고 상투적인 반응하기

일상적으로 흔히 하는 습관적이고 상투적인 말은 두 사람 사이의 의미 있는 대화에 도움이 되지 않는다. 오히려 상대에 대해 성의가 없어 보일 수 있다.

예) 대상자 : "오늘 햇살은 우리 엄마처럼 참 따뜻하네요."
상담자 : "오늘 날씨 참 좋죠?"
>> 효과적 기술 : "햇살처럼 따뜻한 엄마가 그립습니까?" 또는 "따뜻한 햇살 때문에 엄마 생각이 났나 봅니다."

앞의 비효과적 의사소통의 실제에서 대상자와 상담자의 대화 중, 상담자가 보인 비효과적 의사소통은 다음과 같다. : 상담자는 개방적인 질문을 통해 대상자의 다양한 표현을 듣지 못하고, 지레짐작하고 단정하여 대상자의 자유로운 표현을 방해하였다. 상담자의 대화 방식은 일방적이고, 대상자의 상처받은 마음을 헤아리기보다는 성급하게 대안을 내어놓고, 문제를 덮으려고 하는 방식으로 대화를 했다.

지금까지 의사소통을 하는 데 있어서 흔히 하기 쉬운 비효과적인 의사소통을 살펴보았다. 우리는 다른 사람과 대화를 할 때 나의 표현과 태도가 상대방의 자유로운 의사표현을 막거나 무시당한다고 느끼게 하거나 의존적으로 만들지는 않는지를 잘 살펴보아야 한다. 그리하여 내 생각을 주입시키기보다는 상대방의 입장에서 경청하고, 공감하여 상대방이 온전히 받아들여지고 있다는 느낌을 가질 수 있게 노력해야 한다.

3. 비대면 상황(간접 소통)에서의 비효과적 의사소통의 실제

통신기술의 발전은 남녀노소를 불문하고 컴퓨터와 스마트 폰의 세계로 빠져들게 만들었을 뿐 아니라 빠른 의사소통을 선호하게 만들었다. 바쁜 현대인들은 소셜 미디어를 통해 온라인에서 실시간으로 네트워크를 형성하고 정보, 생각, 메시지 및 기타 컨텐츠를 공유하고 있다. 소셜 네트워킹과 블로깅을 위한 웹사이트 또는 소셜 네트워크 서비스(SNS)가 바로 그에 해당한다. 실제로 전자우편(e-mail)이나 일반우편보다는 '소셜 네트워크 서비스(SNS)'를 이용하여 서로의 이야기나 의견을 공유하고 있다.

그러나 소셜 네트워크 서비스(SNS)를 통한 소통은 많은 부작용을 낳고 있다. 예를 들어, 자신의 일 단면만을 노출시키거나, 노출해야 하는 것을 노출하지 않거나, 과도하게 줄임말을 사용하는 등을 통해 서로에 대해 오해하고 소통이 단절되는 경우가 발생하고 있다. 따라서 비대면 상황(간접 소통)에서의 비효과적 의사소통의 사례를 점검함으로써 보다 효과적인 의사소통을 위한 노력을 기울여야 하겠다.

1) 전달자에 의한 비효과적 의사소통

① 시간을 고려하지 않은 경우

문자 전달의 경우, 수신자가 편할 때 확인하면 된다는 생각에 전달자 편의에 따라 시간을 고려하지 않고 전달하는 경우가 있다. 예를 들면 다음 날 낮에 알려도 되는 내용인데 새벽 01시에 단체 채팅방에 메시지를 보내는 경우, 또는 급하게 변경하지 않아도 되는 미팅 일정을 "주말에 죄송하지만, 미팅 일정 변경에 대해서 문의하고 싶어요."라고 문자를 보내는 경우가 이에 해당한다. 늦은 밤이나 주말의 문자가 상대방의 사생활 영역을 침범하는 것은 아닌지 고려할 필요가 있다.

② 알려야 할 사항을 누락시킨 경우

다음은 이메일을 보낼 때 흔히 경험할 수 있는 사례이다. 이 사례에서 무엇이 전달을 어렵게 하는지 확인한 후, 어떤 부분이 보완되어야 하는지를 이야기해 보자.

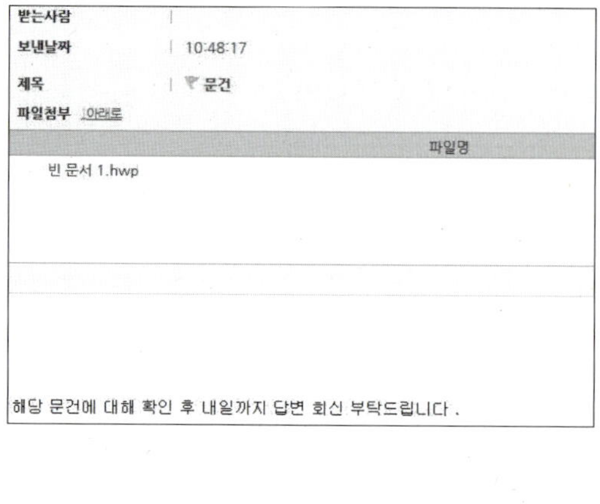

또한 전자우편으로 자료를 제출할 때, 다음과 같이 메일 제목이나 본문 내용이 없으면 첨부파일 제목으로는 어떤 내용의 메일을 보낸 것인지 확인할 수 없는 경우가 있다.

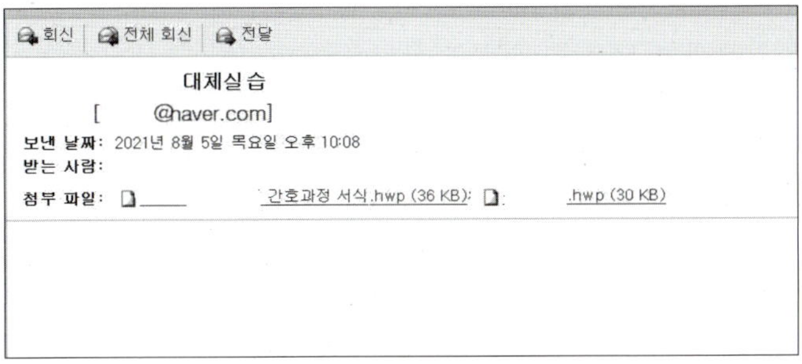

위의 사례들처럼 이메일을 보낼 때 제목, 파일명, 본문에서 이메일의 목적과 요점을 언급하지 않으면 상대방은 많은 메일들 속에서 전달자가 보낸 메일을 누락시킬 우려가 있으므로 주의를 요한다.

2) 수신자에 의한 비효과적 의사소통

① 수신자가 반응을 하지 않는 경우

수신자가 메시지를 확인했음에도 전달자에게 반응하지 않아 소통이 진전되지 않는 경우가 있다. 이는 수신자가 메시지를 거부하고 있는지, 답장을 할 수 없는 상황인지 가늠하기 어려워 서로 간에 오해가 생기거나 향후 일정에 지장을 초래한다.

예) 약속 가능한 시간을 문의하기 위해 문자 메시지를 남겼으나 문자를 읽고 3일이 지나도 답변을 하지 않는 경우(문자 메시지를 확인한 표시는 있으나 약속 가능한 시간에 대한 답변이 없음)

② 수신자가 동문서답하는 경우

수신자가 메시지에 적합한 반응을 보이지 않고 다른 대답을 하거나 관련없는 내용으로 답신하는 경우가 있다. 이는 수신자가 전달자를 존중하지 않거나 전달내용에 집중하지 않는다는 오해를 불러 일으킬 수 있다.

3) 의미 해석의 차이로 인한 비효과적 의사소통

의사소통에서 비언어적 소통이 차지하는 부분은 언어적 소통 못지않게 중요하다. 직접 대면하여 대화를 할 때, 내용 중심의 언어적인 요소 뿐 아니라 비언어적인 요소인 자세, 몸짓, 표정, 시선, 목소리 등이 의사전달에 크게 기여한다. 이에 반해 온라인에서 문자로 소통하는 경우, 이러한 비언어적인 요소들이 의사소통에 반영될 수 없으므로 문장부호나 기호, 이모티콘들이 비언어적인 요소로 사용될 수 있다.

따라서 전달하고자 하는 메시지를 구체적으로 명확히 기술하지 않는 경우에는 전달하고자 하는 메시지(생각 또는 감정)가 정확히 전달될 가능성이 낮아질 뿐 아니라 효과적인 의사소통을 할 수 없게 된다. 또 문장부호나 기호, 이모티콘들은 개인마다 다르게 이해할 수 있어 비효과적인 의사소통 결과를 가져올 수 있다.

질문. 아래 제시된 사례를 통해 이 문제를 어떻게 생각하는지 각자 자유롭게 이야기해 보자.

– 사례 1

A: 팀플 관련자료 언제 보내줄 꺼임??.
너만 아직 안 보냈어!!!
B: ...
A: ???
B: 보낼예정
A: 언제???
B: 곧...
A: 하.....

☞대화 내용 및 부호에 따라 느끼는 감정의 차이를 이야기해 보자.

– 사례 2

학생이 조교에게 과제를 알기 원하는 문자를 보낼 때
① "이번 주 과제를 알려주세요."
② "이번 주 과제를 알려주세요!!!"
③ "이번 주 과제를 알려주세요~~~"

☞부호의 차이에 따른 감정의 차이를 이야기해 보자.

4) 집단 소통에서의 비효과적 의사소통

여러 사람이 모여 소통하는 온라인 공간에서는 한 사람의 언어표현이 집단 전체에 영향을 미치므로 메시지의 전송과 매너에 더욱 신중할 필요가 있다.

질문. 다음과 같은 경우, 나머지 집단원에게 어떤 영향을 줄지 생각해보자.

① 여러 단체 채팅방에 글을 게재하는 과정에서 다른 채팅방에 중요한 파일을 첨부하거나 글을 잘못 남기는 경우

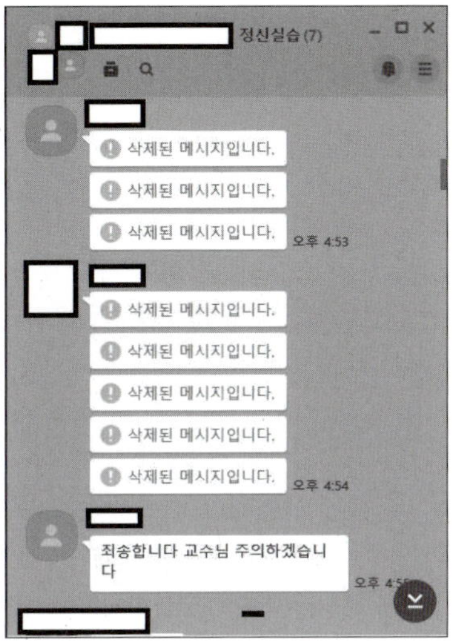

② 단체 채팅방에 질문에 대한 답을 제시하였는데 앞의 내용은 점검하지 않은 상태로 본인의 궁금증에만 즉시 해결을 원하며 반복된 질문을 하는 경우

5) 여과되지 않은 단어 사용으로 인한 비효과적 의사소통

익명 또는 별명으로 이루어지는 단체 채팅방에서 자신이 직접 노출되지 않는다는 점을 이용하여 생각이나 감정을 거르지 않고 표현하는 경우는 다른 사람들을 불쾌하게 할 뿐 아니라 심하면 법적인 문제를 초래하기도 한다. 단체 채팅방 구성원 또는 그 외의 인물에 대한 비방, 악성 댓글, 허위사실 유포는 물론 아래 예와 같이 정제되지 않은 표현들도 소통과 관계에서의 갈등 요소가 될 수 있다.

– 사례

A : 여러 사람들이 함께 소통하는 공간이므로 여기저기 굴러다니는 글을 가져다 게시하지 않았으면 합니다. 이런 글들이 저만 불편한 것일까요?

B : 여기저기 굴러다니는 글이라니 제 글이 쓰레기란 말인가요?

C : don't worry, be happy!!

그룹토의

1. 나의 일상적인 대화 패턴을 잘 살펴보고, 최근에 있었던 경험을 중심으로 내가 습관적으로 사용하는 비효과적인 의사소통에는 어떤 것들이 있는지 점검한 뒤 그룹원들과 이야기해 본다.

2. 내가 경험한 온라인상에서의 비효과적인 의사소통의 사례를 나누고, 서로 피드백을 주고받는다.

CHAPTER 08

조직 의사소통과 갈등해결 (수업 12, 13주차)

CHAPTER 08

조직 의사소통과 갈등해결(수업 12, 13주차)

단원의 목적

조직 의사소통을 이해하고 조직 내에서의 갈등해결을 할 수 있는 역량을 키운다.

성취목표

1. 조직 의사소통의 기능과 유형을 설명할 수 있다.
2. 조직 의사소통의 다양한 형태를 적절하게 활용할 있다.
3. 효과적 의사소통을 사용하여 조직 내 갈등해결을 할 수 있다.

1. 조직 의사소통

조직의사소통이란 조직 구성원들이 조직 활동에 관한 여러 가지 정보를 구두, 언어, 문서, 전자수단을 통하여 조직 구성원들에게 전달하여 조직 목적을 위한 공동과제를 수행하는 동시에 조직을 유지시키고 구성원 개개인들의 개인적 필요나 욕망을 충족시키는 과정이다.

조직 의사소통이 필요한 이유, 즉 기능은 다음과 같다;

- 조직 유지기능 : 직접적인 업무수행과 관련된 내용은 아니지만 업무추진에 간접적으로 관계되는 기능이다. 조직의사소통은 조직 구성원의 가치와 존재 의미, 인간관계의 증진에 영향을 미친다.
- 생산기능 : 조직이 추구하는 목표를 합리적으로 설정하고 조정하기 위해 필요한 정보를 제공한다. 또한 조직의 각 부서나 구성원의 업무를 지정해주고 이들을 기능적으로 연결시켜 준다.
- 개혁기능 : 조직이 변화를 추구할 때 조직 구성원의 변화에 대한 인식을 제고하고 변화에 동참시키기 위한 기능을 한다.
- 동기유발기능 : 조직 구성원들로 하여금 자신의 업무와 조직 활동에 참여하여 조직목적에 기여하려는 동기를 유발시킨다. '구성원들이 무엇을 해야 하는지', '어떤 방식으로 해야 하는지' 그리고 '얼마나 잘하고 있는지' 등을 명확히 할 수 있는 기회를 제공한다.
- 통제기능 : 조직의 권한 계층과 공식적인 지침은 구성원들이 특정한 방향으로 행동하도록 통제

한다.

- 지식통합기능 : 조직 내 구성원 각자가 가지고 있는 세분화된 지식과 정보를 통합한다.
- 감정표현 및 타인과의 교류확대 기능 : 조직 구성원들의 감정표현과 사회적인 욕구를 충족시켜 주며 친교의 도구가 되어 다른 구성원과의 교류를 넓혀 나가게 한다.
- 평가 기능 : 내부 의사소통 채널은 조직 구성원들에게 업무의 질을 평가할 수 있는 중요한 정보를 제공할 수 있다.

1) 조직의사소통의 구분

조직에서의 의사소통은 공식적 의사소통과 비공식적 의사소통으로 구분할 수 있다.

A. 공식적 의사소통(formal communication)

공식적 의사소통은 권한, 책임, 의무의 관계를 형성해 주는 조직의 공식적 구조에 의해 결정된다. 그러나 급변하는 환경에 적응해야하는 조직일수록 실제적인 의사소통 구조는 조직도와 차이가 있다. 그럼에도 조직도는 그 조직의 전체적인 조직 의사소통의 흐름을 파악하는데 도움이 된다. 공식적 의사소통은 수직적, 수평적 의사소통으로 나눌 수 있고, 수직적 의사소통은 다시 상향적, 하향적 의사소통으로 구분할 수 있다.

(1) 수직적 의사소통

① 상향적(bottom-up)

하급자의 성과보고부터 의견이나 제안, 태도, 고충 등의 상향적 전달에 이르기까지 매우 다양한 형태로 나타난다. 과거에는 상향적 의사소통의 역할이 업무와 관련된 문제에 관해 보고하는 기능으로 국한되었지만, 최근에는 조직원들이 의사결정 과정에 참여하고 문제를 해결하며 정책과 업무과정을 개선하기 위한 선행조건으로 간주해 공식적 의사소통 구조로 수용하고 있다.

상향적 의사소통을 통해 조직은 하급자로부터 중요한 아이디어를 제공받을 수 있으며, 하향적 메시지가 하급자들에게 수용될 수 있는 토대를 마련해 준다.

상향적 의사소통의 유형은 다음과 같다;

- ✔ 보고 : 명령 또는 권한 위임에 대응하여 하급자로부터 상급자로 올라오는 정보의 전달
- ✔ 내부결재 : 업무상 의사결정형식의 하나로서 하급자로부터 상급자, 하부기관으로부터 상부기관에 문서로 의향을 묻고 사안을 처리하는 의사결정 절차
- ✔ 인간관계적 정보전달 : 인간관계 관리 목적을 위해 행해지는 정보 전달로 여론조사, 실태조사, 개별면담제도, 인사상담, 제안 제도, 건의함 제도 등이 포함됨

② 하향적(top-down)

조직의사소통에서 흔히 일어나는 의사소통으로 조직의 위계에 따라 상급자에서 하급자에게 전달되는 명령, 지시, 일반정보 등을 포함하는 의사소통을 의미한다.

하향적 의사소통을 통해 조직의 방침, 지시, 정보 등이 하급자에게 전달되어 하급자의 업무수행을 촉진하고 그 활동을 통제, 조정하게 된다.

조직에서 하향식 의사소통의 기능은 다음과 같다;

- ✔ 직무에 대한 지시: 해야 할 일과 그에 대한 방향 지시
- ✔ 직무에 대한 합리적 설명: 직무의 목적과 다른 조직의 활동들과의 관계
- ✔ 조직의 정책과 규정, 인사, 복지에 대한 정보제공
- ✔ 피드백: 하급자들의 직무수행에 대한 평가제공
- ✔ 교육: 조직의 가치와 조직이 설정한 목적에 대한 헌신을 이끌어내기 위하여 조직원들을 교육시킴

(2) 수평적 의사소통

수평적 의사소통은 동료들 또는 업무상 협조가 필요한 사람 및 부서 간에 발생하는 의사소통이다. 조직의 업무가 표준화되어 있고 고정적이며, 조직 환경변화가 크지 않을 때는 이점이 크지 않지만, 업무가 표준화되어 있지 않고 창의성을 필요로 하며 조직 환경변화가 많을 때 수평적 의사소통의 중요성이 부각된다.

수평적 의사소통의 이점은 다음과 같다;

- ✔ 조직 구조에 유연성을 제공해 문제해결 촉진
- ✔ 서로 다른 집단 간 정보 교환 활성화
- ✔ 부서 또는 프로젝트팀 간 긴밀한 업무협조
- ✔ 직원 또는 부서 간 갈등해결 촉진

그러나 수평적 의사소통이 활성화되기 어려운 경우는 다음과 같다;

- ✔ 타부서의 관여를 거부하는 영역 다툼이 있는 경우
- ✔ 조직 내 한정된 자원을 확보하기 위해 정보를 공유하지 않는 경우
- ✔ 부서마다 다른 전문 영역에 대한 이해가 부족한 경우
- ✔ 거리상의 장애가 있는 경우
- ✔ 제도적 의사소통 채널 통로가 불분명한 경우

B. 비공식적 의사소통(informal communication)

조직에서는 개인 간 상호작용의 결과로 나타나는 비공식적 의사소통이 존재한다. 조직구성원들은 직종과 위계를 넘어서 학연, 지연, 인간적 유대로 맺어진 의사소통을 유지하게 되는데 비공식적 의사소통 또는 그레이프바인(grapevine)이라고 한다.

비공식적 의사소통은 효과적인 조직 활동에 장애가 되는 것처럼 보이기도 했지만 최근에는 복잡한 현재 조직 구조 속에서 중요한 요소로 평가받고 있다. 비공식적 의사소통은 평상시에는 두드러지지 않지만 공식적인 의사소통에 대한 신뢰가 부족하거나 의사소통과 연관된 상황이 애매하거나 또는 주변 환경이 불안정하고 위협적이라고 느낄 때 활발하게 작동한다. 비공식적 의사소통이 긍정적으로 기능할 때는 공식적인 의사소통의 기능을 보완하거나 대체할 수 있지만, 부정적으로 기능할 때는 루머 전달 등을 통해 조직구성원들의 관계를 훼손하고 조직의 안정을 저해하기도 한다.

2) 의사소통 네트워크(communication network)의 유형

조직의 의사소통 네트워크란 구성원 간의 반복적이고 재현적인 상호작용 패턴으로 의사소통 경로의 구조를 의미한다. 네트워크 형태에 따라 의사소통의 정확도, 속도, 구성원의 만족도, 권한 집중도의 차이가 있다.

조직의 소집단 의사소통 네트워크 유형은 바퀴형(wheel), Y형, 쇠사슬형(chain), 원형(circle), 상호연결형(all-channel)의 5가지로 나타난다. 바퀴형이나 Y형은 권한이 집중되는 유형이고, 쇠사슬형은 수직적 조직유형이며, 원형이나 상호연결형은 권한이 분산된 유형으로 민주적 조직에서 주로 나타난다.

이들 네트워크 유형을 그림으로 나타내면 다음과 같다;

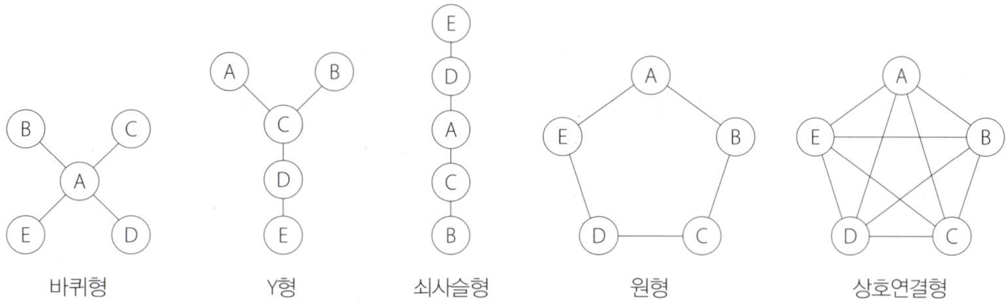

• 바퀴형

집단 내에 특정 리더가 있을 때 나타나는 의사소통 네트워크로 리더에게 정보가 집중되고 구성원 간의 정보 교환은 이루어지지 않는다. 공장에서 여러 작업자가 한 명의 공장 감독자에게 보고하는 형태가 이에 해당된다.

• Y형

집단 내에 특정 리더가 존재하는 것은 아니지만 그 구성원을 대표하는 인물이 있는 경우에 나타나는 의사소통 네트워크 유형이다. 의사소통의 효과에 있어서 Y형은 바퀴형과 원형의 중간이라고 볼 수도 있지만 바퀴형에 더 가깝다고 할 수 있다. 특정 집단(부서)을 대표하는 인물이 의사소통의 중심역할을 맡고 집단 외(타부서) 구성원과도 연결되어 의사소통을 형성하는 것을 말한다.

• 쇠사슬형

집단 내 구성원들 간에 보통 수직적 경로로 의사소통이 이루어지는 의사소통 네트워크로 관료 조직이나 공식화가 진행된 조직에서 주로 나타난다. 전달되는 내용이 단순할 때는 신속성과 효율성이 높지만, 전달 사슬이 길어지면 내용이 왜곡되어 전달될 수도 있다. 조직에서 사장이 이사에게, 이사는 부장에게, 부장은 과장에게, 과장은 대리에게 등 순차적으로 연결되는 경우를 한 예로 들 수 있다.

• 원형

조직 내 위원회와 태스크 포스(task force)와 같이 특정 문제해결을 위해 구성된 집단에서 주로 나타나는 의사소통 네트워크로 지위나 신분의 서열이 뚜렷하지 않고 일반 조직도에 비해 분위기가 자유로운 상태에서 의사소통이 이루어지는 형태이다. 구성원간의 의사소통이 분산되어 있어 수평적 의사소통이 가능하다.

• 상호연결형

집단 내 구성원 전체가 상호 연결되어 있어 서로의 의견이나 정보를 자유롭게 교환할 수 있는 활발한 의사소통 네트워크이다. 복잡한 문제를 해결하기 위한 창의적 아이디어를 산출할 수 있다. 참신한 아이디어가 중요한 광고회사와 같은 조직에서 모든 조직원이 자유롭게 의사 표현을 하며 공헌하는 것이 이에 해당한다.

3) 조직 의사소통의 형태

조직 내에서의 의사소통은 말하기와 글쓰기의 두 가지 형태로 진행된다. 말하기는 대화나 프리젠테이션 등 음성언어로 개인, 집단 간 소통하는 것이고, 글쓰기는 보고서, 이메일 등으로 이루어진다. 조직의 목적을 달성하기 위해서는 업무에 적절한 말하기와 글쓰기 능력이 요구된다. 다음은 업무상 말하기와 글쓰기의 원칙을 간략하게 설명할 것이다;

(1) 말하기

말하기는 조직 내에서 즉각적이고 신속하게 소통할 수 있는 수단이지만 실수 또는 감정적이고 충동적인 반응으로 인해 조직 내 인간관계의 갈등 요소가 될 수 있다. 조직 내 말하기의 형태는 대화, 토의, 토론, 발표가 있다.

① 대화

두 사람 이상이 메시지를 교환하는 것으로 대화가 진행되는 동안 말하는 사람과 듣는 사람의 역할이 바뀌는 특성이 있다. 상대의 이야기를 잘 들어주는 경청은 대화를 촉진시키는 요인이 되며, 상대의 이야기에 언어적, 비언어적 기법을 사용하여 반응하거나 자신이 말할 차례가 왔을 때 제대로 반응하는 것은 대화에서 중요하다.

② 토의

토의는 조직에서 공통의 문제를 해결하기 위해 여러 사람들이 모여 지식, 정보, 의견을 나누는 과정으로 최선의 해결방안을 찾고 실행을 위한 효율적 계획을 세우는 것이 토의의 목적이다. 토의는 진행방식에 따라 원탁토의, 패널토의, 심포지엄, 브레인스토밍, 워크숍 등이 있다.

③ 토론

토론은 조직에서 어떤 논제에 대하여 찬성과 반대의 입장에서 각각 논리적 근거를 제시하면서 자신의 의견에 대한 정당함을 주장하며 상대를 설득하기 위한 말하기의 과정이다. 토의가 다양한 정보나 의견을 교환하는 것이 목적이라면 토론은 상반된 주장을 상대에게 설득하는 것이 목적이므로 좀 더 경쟁적이라 할 수 있다.

④ 발표

발표는 한 사람이 여러 사람 앞에서 의견을 전달하는 의사소통 형태이다. 대화와 같이 양방향 의사소통이 아닌 일방향 의사소통이지만 청중과의 소통이나 교감이 중요한 역할을 하게 된다.

(2) 글쓰기

조직에서는 문서를 통해 의사소통을 하는 경우가 많으므로 자신의 업무와 관련된 필요한 문서를 확인하여 내용을 파악하고 추론하는 것은 매우 중요하다. 또한 문서를 통해 조직구성원에게 자신의 의사를 효율적으로 전달하는 능력 역시 중요해지고 있다. 조직 내 글쓰기는 보고서, 공문서, 이메일이 대표적이다.

① 보고서

다음은 조직에서 사용되는 보고서의 종류와 작성 내용이다;

- 기획(정책)보고서 : 의사결정권자(정책결정권자)가 특정 사업(정책)에 대한 의사결정을 하기 위한 보고서로 상세하고 깊이 있는 내용을 다루는 것이 특징이다. 제목, 현황과 문제점, 사업의 추진배경 및 필요성, 사업의 목표, 추진 방향, 사업내용, 추진계획 등을 담게 된다.
- 상황(정보)보고서 : 업무와 관련된 내부와 외부의 상황을 공유하기 위해 작성하는 보고서로 정기 보고의 형태를 띠며 신속, 정확, 간결하게 작성하는 것이 특징이다. 상황의 특징을 육하원칙에 따라 기술하는 것이 중요하다. 상황보고서에도 단순히 상황만 보고하는 하는 것이 우선인 경우에는 보통 현재 상황(문제), 원인, 현재까지의 대처의 순으로 작성하고, 향후 대처방안에 좀 더 초점이 맞춰져 있는 경우에는 현재 상황(문제), 원인, 현재까지 대처 및 앞으로 해결방안, 진행시 요청사항의 순서로 작성하게 된다.
- 회의보고서 : 회의보고서는 회의 전에 작성하는 회의자료 보고서와 회의 후 내용을 정리하는 회의결과보고서가 있다. 회의자료 보고서는 회의를 통해 얻고자 하는 효과를 명확하게 기술하고, 회의자료가 일목요연하게 보이도록 본문과 참고자료로 구분해서 작성한다. 회의결과보고서는 회의참석자와 불참자를 모두 고려하여 작성하되 회의에서 결정된 내용뿐 아니라 회의 참석자들의 의견을 요약 정리하는 회의 분위기도 전달한다. 회의결과보고서에는 회의 목적 및 개요, 보고사항, 협의 내용 및 후속조치, 요청사항 등을 기록한다.
- 행사보고서: 행사보고서는 행사기획보고서와 행사진행보고서가 있다. 행사기획보고서에는 제목, 행사개요(행사명칭, 주관자, 일시., 장소. 참석자 정보), 추진배경(행사의 성격과 목적), 행사진행내용, 요청사항 등을 담는다. 행사진행보고서는 행사주재자가 필요로 하는 정보를 제공하기 위한 보고서이다.

조직 내 보고서 작성의 진행과정은 다음과 같다;

Ⅰ. 보고의 목표 설정 및 보고서 구상

1. 보고의 주제가 무엇인가: 분명한 목적
2. 누가 이 보고서를 읽게 될 것인가: 대상에 따라 내용, 형식, 구체성 정도, 분량 조절
3. 언제 보고할 것인가: 수요자가 필요로 하는 시간
4. 전체 보고서의 틀은 어떻게 구상할 것인가: 문제 전개 방식, 문체, 분량 등

Ⅱ. 자료의 수집 및 분석

1. 필요한 자료 구하기: 인터넷, 인트라넷, 조직구성원
2. 자료를 이해하고 분석하기: 자료의 적합성, 출처의 신뢰성, 내용의 정확성 고려

Ⅲ. 보고서 작성
1. 개략구성: 목차와 주요 내용 선정
2. 초안작성: 문장, 표, 그림 작성
3. 수정과 보완: 수요자의 입장에서 읽고 반복 확인
4. 최종교정: 마지막 점검 과정

Ⅳ. 보고 및 후속조치
1. 보고과정: 면대면, 서면보고
2. 후속조치: 결재권자의 특별 지시가 있는 경우 후속조치 실행

② 공문서

공문서는 기안서, 품의서, 공문으로 구별할 수 있다.

- 기안서 : 특정 사업이 이루어지기 위해 조직 내의 실무자가 최초로 작성하는 문서를 말한다.
- 품의서 : 주로 이미 결정이 내려진 내용을 실행하기 위해 물품 구매, 예산 집행 등 조치 및 집행의 동의를 구하는 문서이다.
- 공문 : 대내적 혹은 대외적 업무를 수행하기 위해 조직 외부로 발송하는 문서로 회사나 부서를 대표해서 작성하기 때문에 엄격한 규격과 양식에 따라 작성해야 하며 최종 결재권자의 결재가 있어야 한다.

③ 전자우편

문서 및 업무내용의 전달을 위해 조직 내에서 편리하게 사용되는 방법 중 하나가 전자우편(e-mail)이다. 이메일은 편리하지만 한번 보내면 돌이킬 수 없는 단점이 있어서 매우 신중하게 작성하고 발신해야한다.

조직 내 소통의 방법으로 이메일을 작성할 때는 다음에 유의한다;

- 조직에서 사용되는 이메일의 양식이 있는지 확인한다. 많은 조직에서 조직내에서 사용되는 이메일 양식을 갖고 있다.
- 조직에서 사용하는 이메일 주소를 생성할 경우 짧고 간결하게 만든다.
- 이메일 하단에 포함될 서명을 미리 만들어 두면 좋다. 이름, 소속, 직위, 연락처, 홈페이지 주소 등의 내용이 포함된다.
- 이메일은 [첨부파일 → 본문 내용 → 제목 → 받는 사람] 순으로 작성한다. 이메일 작성 중에 키보드를 잘 못 눌러서 전송하거나 첨부파일 없이 메일을 보내는 실수를 줄일 수 있다.
- 본문에 쓸 내용과 첨부할 내용을 구분한다. 본문에 기술할 수 있으면 가능하면 첨부파일을 생성하지 않는 것이 좋다. 그러나 본문 내용이 한 페이지 이상으로 길어지면 첨부파일로

작성한다. 첨부파일의 수는 적게 하며 대용량 파일의 경우 압축해서 첨부한다.

1) 인사
- '안녕하세요'라는 인사와 함께 이메일을 받는 사람의 이름과 직위를 언급한다.
- 인사 외에 날씨 등과 같은 인사 문구를 이용해도 되지만, 너무 길어지지 않게 한다.
- 마지막으로 보낸 사람의 이름, 소속, 직위를 언급한다.

2) 전달할 내용
- 말하고자 하는 내용은 두괄식으로 작성한다.
- 글을 읽는 사람의 호흡을 생각하여 문장을 짧고 분명하게 작성한다.
- 용건이 여러 개라면 각 항목을 번호를 매겨 작성한다. 받는 사람이 각각의 용건에 대한 대답을 해주기 쉽다.
- 내용이 길어질 경우 받는 사람의 가독성을 고려해 중요한 내용에 강조 처리를 한다.

3) 요청사항
- 전달한 내용에 대해 받는 이가 취해야 할 행동이 있으면 기술한다.

4) 맺음말
- 본문의 내용이 끝났으면 '감사합니다'라고 보편적인 인사를 한다.

이메일의 본문 내용은 다음과 같이 작성한다.

- 제목을 쓸 때는 자신의 소속과 용건을 간단히 적는다. 제목에 인사를 적으려면 '안녕하세요'와 같이 최대한 간단하게 기술한다.
- 이메일을 보내기 전 맞춤법, 오탈자 등을 검토한다.
- 앞에서 언급한바와 같이 받는 사람의 이메일 주소를 마지막에 입력해야 미완성된 이메일 또는 잘못 보내는 실수를 막을 수 있다.
- 이메일을 작성한 후 바로 받는 사람에게 전송하지 말고 보관함에 넣어두었다가 일정시간이 지난 후 전송하는 것이 좋다. 그사이 추가할 내용이나 고쳐야 할 내용이 떠오를 수도 있다.
- 받는 사람, 참조(C.C, Carbon Copy) 숨은 참조(B.C.C, Blind Carbon Copy)의 형태로 상대에게 이메일을 보낼 수 있다. 전달받는 내용은 동일하지만 이메일을 주고받는 사람 간의 책임소재를 명확하게 하기 위함이다.
  - '받는 사람'은 이메일의 용건과 직접 연관이 되는 사람으로 이메일에 대한 답장을 주고받는 대상에게 보내는 것이다.
  - '참조'는 이메일의 용건과 간접적으로 연관이 되어 있는 사람으로 이메일의 내용은 알지만, 답장을 주고받을 필요는 없는 사람을 의미한다. '참조'는 이메일을 받는 사람도 보낸

이가 참조로 어떤 사람들에게 보냈는지 메일주소가 확인되는 반면 '숨은 참조'는 이메일을 받는 사람에게는 메일 주소가 노출되지 않고 이메일을 보낸 사람에게만 보이는 기능이다. 또한 불특정 다수에게 이메일을 보낼 때도 활용할 수 있다.

2. 조직 의사소통 사례 I : 간호사가 병원에서 경험하는 의사소통

질병이라는 위기상황에 처하게 된 환자와 가족은 질병 발생 자체로부터 스트레스를 받을 뿐만 아니라 자신 외에 타인을 배려하거나 관심을 둘 여유가 없다.

또 병원은 다양한 의료진이 있는 다양한 직종의 집합소라고 할 수 있는데, 특히 병원 내에서 이루어지는 일은 인간의 생사와 관계된 일이기 때문에 의료요원 스스로 겪는 긴장도 심하며 각기 다른 기능을 담당하고 있는 직종 간에도 극도의 스트레스를 경험하기 쉽다.

다양한 의료요원 중에서 간호사는 환자 및 가족들과 가장 가까이 접하게 되는 직종이다. 각종 검사나 치료에 연결시켜 주는 역할, 환자나 가족의 대변자 또는 옹호자로서의 역할이 크다. 하지만 때로는 병원조직이나 다른 직종과 환자 및 가족 사이에서 어려움을 경험하기도 하고, 다른 의료요원에 대한 분노가 간호사에게 표출되는 경우도 많다. 또한 조직의 관리체계 특성상 환자간호에 대한 책임은 간호사가 지는 반면, 권한은 대부분 의사에게 있다. 이렇듯 업무에 대한 책임과 권한의 분리로 인해 간호사는 무력감, 애매모호함, 긴장을 경함하기 쉽고, 환자간호에 대한 간호사의 권리를 제한 받기 십상이다.

이러한 병원 현장에서 이루어지는 의사소통은 일상생활에서 이루어지는 의사소통과 질적, 양적으로 다를 수밖에 없다.

1) 병원에서의 의사소통의 중요성

여러 연구결과에 의하면 환자와 의료인, 의료요원 간의 의사소통이 잘 되면 환자의 건강회복 정도가 빠르며, 의료요원의 직무만족과 삶의 질도 달라진다고 한다. 뿐만 아니라 부서 간 또는 구성원 간의 직무상의 상호관계가 병원경영에도 영향을 미친다고 한다.

이와 같이 환자의 건강회복이라는 공동목표를 중심으로 구성된 다양한 전문 인력 사이에서 인간관계에 입각한 원활한 의사소통은 매우 중요하다. 의사소통을 통해 의료요원들이 감정을 표현함으로써 스트레스를 줄일 수 있으며, 원활한 의사소통은 구성원 간의 간격을 해소하고 그들의 활동을 조정 내지 통합하여 집단의 응집력을 강화시킴으로써 결과적으로 근무의식, 사기, 협동심과 조직의 효율성을 향상시킨다. 또한 의사소통을 통하여 조직 활동에 필요한 정보가 교환되므로 문제해결과 합리적인 의사결정이 이루어진다.

2) 병원에서의 인간관계와 의사소통

① 간호사와 돌봄대상자

흔히 환자는 자신이 약자라고 느끼며 왜소한 느낌을 가지기 쉽다. 입원한 환자에게 제공되는 의료서비스에 대해 대부분 간호사가 최일선에서 책임을 지고 구체적인 간호를 수행하게 된다. 따라서 병원 당국이나 다른 의료요원에 대한 환자나 가족의 분노가 간호사에게 표출될 가능성이 높다. 간호사가 환자와 의사소통을 잘하기 위해서는 자신의 감정을 말로 잘 표현할 수 있어야 한다. 이를 위해 자기이해, 자신의 의사소통 기법을 잘 알고 꾸준한 훈련이 필요하다. 또 환자와 보호자의 입장에 서 보려는 자세, 수용하고 이해하려는 태도가 필요하다.

예) 백혈병 진단을 받은 환아의 활력증후를 체크하러 들어간 간호사가 조심스럽게 환아의 보호자에게 "백혈구 수치가 조금 안 좋아졌어요"라고 얘기하자, 보호자가 화를 벌컥 내며 조금 전에 주치의는 수치가 많이 안 좋아졌다고 얘기하고 나갔는데 무슨 근거로 조금 안 좋아졌다고 얘기하느냐며 수간호사에게까지 항의하는 상황이 벌어졌다.

이런 경우 보호자의 분노는 의사와 다르게 얘기한 간호사(특정인)를 향한 것이 아니라 자신의 아이가 백혈병이라는 치명적인 병에 걸렸고, 게다가 상태가 나빠지고 있는 것에 대한 두려움과 분노일 수 있음을 이해한다.

② 간호사와 의사

간호사와 의사는 환자의 치료를 위한 공동목적을 향해 상호 호혜적이어야 한다. 즉 개방적이면서도 동등하고 서로 비난하지 않으며 서로의 정보와 관점을 존중하고 공동의 목표인 환자의 회복을 위해 같이 노력해야 한다.

예) 시술 및 수술 전에 보호자로부터 받는 서약서는 의사 고유의 권한이며 업무이다. 그런데 하루는 의사가 전화로 수술실에서 수술이 늦어져 병실에 갈 수 없다며 간호사에게 보호자로부터 서약서를 대신 받아 달라고 부탁을 한다. 이 의사와는 평소에 비교적 잘 지내 왔기 때문에 거절하기가 난감하다.

이럴 때 부탁받은 간호사는 업무 권한에 대한 분명한 한계를 명확히 하되 부탁을 들어줄 수 없음에 대해 유감스럽게 생각함을 정중한 어투로 전달한다.

③ 간호사와 타 직종

병원에는 의사, 간호사 외에도 수많은 직종이 환자를 위해 존재한다. 간호사는 다른 직종의 의료요원이 그 방면의 전문가인 것을 인정한다. 갈등이 발생했을 때는 누가 옳고 그른지를 밝

히는 것이 목적이 아니라 일을 해결하는 것이 목적임을 잊지 않도록 한다. 의사소통 시 자기주장(assertiveness)이 필수적이다.

예) 환자가 회복될 기미가 없어 집에서 운명하시도록 하겠다며 갑자기 퇴원을 결정한 보호자가, 퇴원수속을 빨리 끝내서 차가 많이 밀리는 퇴근 시간 전에 출발하게 해달라고 요청한다. 간호사가 원무과에 전화하여 특별히 퇴원수속을 서둘러 달라고 부탁을 하자 그런 부탁은 하루에도 수십 번씩 받는다며 기다리라고 전화를 끊어 버린다.

이러한 경우 병원에서 일하는 직원들은 자신의 근무 현장 경험이 전부이다. 따라서 상대방 직원의 어려움에 대해 충분히 공감해 준 후 환자와 보호자의 요청을 다시 한 번 설명하고 입퇴원수속에 있어서 전문가인 상대방 직원이 환자와 보호자의 어려움 해결에 최선을 다 해줄 것을 정중하게 요청한다.

④ 간호사와 간호사

간호사는 전문적 역할 정체성과 관련되는 직종으로서 자신의 자아개념, 자아인식 과정이 우선적으로 이루어져야 하며 간호사로서의 정체성이 확립되어야 한다. 동료로부터 스트레스와 갈등을 경험할 때 이를 다루는 방법 중 하나로 자기주장적 소통이 필요하다. 좋은 병동 분위기를 만들기 위해 모두 노력하고 서로 존중하는 자세가 필요하다.

예) 신규 간호사가 한 명 배치되었다. 3월이 되어 의사도 모두 바뀌고 병동 전체가 어수선한데 신규 간호사가 계속 실수를 하는 바람에 그 팀에 속한 환자와 보호자들이 간호사실로 몰려와 불평을 쏟아놓는다. 그러자 신규 간호사는 어쩔 줄 몰라 하며 처치실에 들어가서 울고 있다.

이런 상황을 해결하기 위해서 신규 간호사는 병동업무에 좀 더 적극적으로 적응하도록 노력하는 동시에 자신의 미숙함에 대해 수간호사 및 선배 간호사들에게 양해를 구하고 빠른 적응을 위해 노력할 거라는 본인의 의지를 표현할 필요가 있다. 또한 수간호사와 선배 간호사들은 지적할 것이 있으면 다른 사람들의 시선이 없는 곳에서 불충분한 업무수행 및 해결방안에 대해 자세하게 제시해 주어야 한다. 동시에 신규 간호사가 겪고 있을 어려움을 수용하고 공감해주며 충분히 격려하여 신규 간호사가 하루빨리 병동 업무에 적응할 수 있도록 돕는 것이 바람직하다.

3. 조직 의사소통 사례 II: 약사가 경험하는 의사소통

약사는 병원뿐 아니라 지역사회에서 의료인들과 환자를 만나면서 직접 소통해야 하는 위치에 있다. 약사의 주된 업무인 복약지도 및 처방된 약의 검토와 조제는 환자의 치료에 매우 결정적인 영향을 끼친다. 그러므로 약사는 환자, 다른 의료인과 효과적으로 소통하면서 그들의 다양한 요구에 대처할 수 있는 역량을 필수적으로 갖추어야 한다. 이 장에서는 약사가 병원과 약국 조직 내에서 경험하는 의사소통의 특성, 갈등사례 및 효과적인 의사소통 방법을 제시하고자 한다.

1) 약사와 환자 간 의사소통의 특성

환자와 약사 간 의사소통은 신뢰와 정확성을 바탕으로 하는 특수한 사회적 의사소통이라 할 수 있다. 효과적인 의사소통은 환자와 공감대를 형성하고 신뢰를 증진시키며 환자 만족도 및 복약순응도를 향상시킬 뿐 아니라 약사의 전문성 강화 및 직무만족도 향상에 긍정적인 영향을 미친다. 나아가 의료 조직 내 구성원 간 갈등 예방, 구성원 상호 간의 응집력 강화, 그리고 조직 활동에 필요한 정보교환을 통한 문제해결과 합리적인 의사결정에도 중요한 역할을 한다. 동시에 의료소송의 위험을 낮추어서 불필요한 사회적 비용을 절감하는 데에도 도움이 되는 것으로 알려져 있다.

질병 상태는 일반적으로 환자들에게 다양한 심리 반응을 유발한다. 환자는 불안, 분노, 우울, 죄책감, 창피함, 손실감 등을 느낄 수 있다. 또한 환자는 아픈 상태이기 때문에 기본적으로 자신이 취약하다고 느끼는 경우가 많다. 따라서 의료적인 부분 외에도 심리적인 부분에 대한 배려가 필요하며 이때 환자가 겪고 있는 고통을 이해하고 공감하는 약사의 노력은 환자에게 안도감을 줄 뿐 아니라 신뢰 형성에 도움을 준다. 그러므로 환자의 감정에 공감하면서 말을 귀담아 들어주는 것이 필요하다. 다음은 환자와의 대화 시 갖추어야 할 기본자세이다.

- 환자와 대화 시에는 원활한 소통을 위해 환자가 쉽게 말할 수 있는 분위기를 만들어준다.
  예) "**님, 제가 약 설명을 드렸는데, 추가로 궁금하신 점은 무엇이든 질문해주세요."
- 환자가 말할 때는 가능하면 끊지 않고 끝까지 귀를 기울이고 성의껏 듣는다. 당신이 말하고 싶은 것이 있다 하더라도 우선 환자가 먼저 자신의 의견이나 질문을 표현하도록 한다.
- 바쁘고 힘든 상황에서도 미소 띤 얼굴로 대화하는 것이 필요하다. 환자들은 당신의 표정과 말투 하나에도 민감함을 명심하라.
- 환자에게 약물에 관한 지식과 정보를 쉬운 용어로 명확히 전달한다. 환자들의 다양한 이해력과 지적 수준에 맞추어 설명하고 이해를 확인하는 것이 필요하다.
- 환자에게 신뢰를 줄 수 있는 전문가다운 태도와 행동을 갖춘다. 이를 위해 당신의 설명 또는 주장에 대해 객관적이고 합리적인 근거를 제시한다.

- 환자 중심의 의사소통을 해야 함을 명심하고 실천한다. 당신이 환자와 소통하는 목적을 분명히 하면서 그 목적이 '환자의 건강'임을 잊지 않는다.
- 이상과 같이 환자와 약사와의 소통에서 약사는 전문가적 식견과 윤리적 책임감을 가지고, 환자의 삶의 질 향상을 궁극적 목표로 하는 것이 필요하다. 환자가 표현한 감정에 대해 호응해주고 질문에 주의 깊게 답할 경우 환자의 만족도와 치료순응도가 높아지는 것으로 알려져 있으며, 환자는 약사가 이해심과 배려심이 많다고 생각하여 약물치료 계획을 잘 이행하고 필요시 약사에게 도움이나 조언을 요청할 가능성이 높아진다.

2) 약사와 환자 간의 갈등사례

다음은 약사와 환자 사이에 일어날 수 있는 갈등 사례들 중 일부이다. 이 사례들에 대해 그 원인을 분석하면서 환자들을 어떻게 이해하고 소통해야 할지 생각해보자.

① 환자가 정확하지 않은 정보를 주장하는 경우

병원의 약제과와는 달리 지역사회의 약국에서는 환자와 약사가 직접 대면하면서 약물을 중심으로 소통한다. 이때 적지 않은 환자들이 매스컴이나 기사, 또는 지인들을 통해 얻은 약물 지식을 주장하면서 약사의 설명을 믿지 않으려는 경우가 있다. 이들이 주장하는 약물지식이 약사의 입장에서는 정확하지 않음에도 환자들은 오히려 약사의 설명을 부정한다.

예) 오랜 기간 탈모로 고민 중인 40대 남자 E씨는 평소 약사가 추천하는 약은 영업적 목적을 위해 추천한다고 생각하여 본인이 정한 특정 회사의 제품으로만 약을 구매하곤 한다. 최근 TV 프로그램과 유투브에서 소개한 탈모 치료와 관련된 건강기능식품 정보를 듣고 와서 해당 제품을 지명해 구입하였는데 늘 그렇듯 약사가 복약 상담을 하려고 하자 거절하고 약국을 나서려 하였다. 해당 건강식품은 특정 약제와 병용 시 해당 치료 약의 효과를 떨어뜨릴 수 있어 E씨가 다른 약을 복용 중인지 확인하는 것이 권장되는 상황이었다.

질문. E씨가 약사의 복약지도를 거절한 이유는 무엇이며, 약사는 어느 정도까지 E씨의 주장을 존중해야 할 것인가? 또한 E씨에게 올바른 약물 정보를 제공하고, 주의사항을 설득하기 위해 어떤 효과적인 방법을 고려할 것인가?

② 약의 부작용을 주장하면서 약사에게 책임질 것을 요구하는 경우

환자가 불편한 증상을 경험했을 때 그 원인을 약물 때문이라고 생각하면서, 약을 권한 약사에게 책임을 지우려는 경우가 있다. 환자의 불편한 증상이 약물이 원인인지에 대한 인과관계가 명확하지 않은 상황임에도 환자는 약물의 부작용 때문이라고 주장하면서 약사에게 책임지라고 요구하기도 한다.

예) 잦은 야근과 업무 스트레스로 만성 피로를 느끼는 30대 초반의 남자 회사원 B씨는 약국을 방문하여 '감기 기운이 있는 듯, 머리가 아프고 목이 뻣뻣하다'는 증상을 이야기하며, 증상을 호전시킬 약을 요청하였다. 약사는 진통제와 쌍화탕을 건네며 관련 상담을 하였다. B씨는 이후 몇 시간 뒤 약국으로 전화를 걸어 몇 시간 전에 약국에서 권한 약을 복용하여 현기증과 구토 등의 부작용이 발생했고 병원을 다녀왔다고 하였다. 그리고 복용한 약으로 인해 급성 위장장애가 발생했다며 손해배상을 청구하였다.

질문. 환자의 주장에 대한 근거를 확인하기 위해 약사는 어떻게 해야 하는가? 또한 환자의 손해배상 청구에 대해 약사는 어떻게 대처할 것인가?

③ 환자가 실수하였으나 약사를 원망하는 경우

복잡하고 바쁜 약국의 분위기에서 환자에게 약을 정확하게 전달하는 것은 매우 중요한 업무이다. 약국에서 환자에게 조제약을 전달할 때 보통 이름을 부르고, 환자의 대답으로 확인을 하면서 약을 전달하는데, 때로는 환자의 착각 또는 실수로 인해 약이 잘못 전달되는 경우가 있다. 이때 환자의 실수이지만 문제가 발생하면 환자는 약사에게 책임을 전가하기도 한다.

예) 7살, 4살 두 자녀를 둔 30대 주부 F씨는 최근 비뇨기 감염으로 항생제 처방을 받고 약국을 방문하였다. 약국은 연휴를 앞두고 매우 붐비는 상황이었으며 어린 두 아이들이 칭얼대느라 이를 케어하기 위해 정신이 없는 상황이다. F씨는 이런 경황이 없는 가운데 자신의 이름이 호명된 것으로 생각해 투약구에서 약을 수령하였다. 당시 투약 직전의 환자 이름을 재차 확인하는 과정에서도 빨리 집으로 가야한다는 생각에 '맞다'고 하며 약봉투를 받아가 약을 복용하였다. 하지만, 다른 환자의 약을 받아가서 확인없이 복용하여 저혈당이 발생하였고 다음날 약국을 찾아와 항의를 하였다.

질문. 주요한 투약 전달 사고를 예방하기 위해 약사가 실천할 수 있는 방법은 무엇이며, 이에 대해 환자와 어떻게 소통할 것인가?

3) 복약상담 시 고려해야할 의사소통 기술

① 언어적 의사소통 기술

- 환자에게 맞는 적절한 목소리 크기, 말의 속도, 배려하는 말투, 분명한 발음으로 대화하는 것이 필요하다.

- 환자에게 질문을 할 때는 폐쇄형 질문과 개방형 질문을 적절히 사용할 수 있다;

폐쇄형 질문은 예, 아니오 와 같은 명확하고 간결한 답을 유도하는 질문기법으로 "두통이 있나요?", "식욕이 없으신가요?"를 예로 들 수 있다. 이는 시간적으로 제한된 상황에서 환자와의 상담을 효과적으로 이끌어 나갈 수 있는 반면, 환자가 경험한 다양한 증상을 이끌어 내기가 어렵다는 단점이 있다. 반면 개방형 질문은 "어디가 불편하십니까?"와 같은 것으로 환자에 관한 여러 정보를 수집하는 것이 가능하지만, 불필요한 내용까지 환자가 장황하게 이야기할 수 있기 때문에, 시간이 지체되는 문제를 유발할 수 있다는 단점이 있다.

폐쇄형 질문도 필수적이며 매우 유용하지만 개방형 질문이 보다 많은 정보의 수집을 가능하게 하고 환자와 친밀한 관계 형성에 도움이 된다. 그러나 상담의 핵심주제에서 벗어나는화제로 대화가 흐르기 쉬우므로 적절한 시점에서 대화 주제 변경 및 폐쇄형 질문으로 전환하는 것이 필요하며 일반적인 질문에서 구체적인 질문으로, 덜 개인적인 질문에서 개인적인 질문으로 이동한다.

• 전문적인 의학용어는 피하고 상대방이 이해할 수 있는 단어를 사용한다;

미국의 경우 환자의 42%가 "공복시 복용"을 읽고 이해하는데 어려움을 겪고 있는 것으로 보고되었으며 국내의 경우 성인을 대상으로 진행한 한 연구에 따르면, 건강정보이해능력이초등학교 학생 수준이 35%, 중학교 1~2학년 수준이 약 44%로 나타났다. 건강정보이해능력이 낮은 경우 입원률과 사망률 증가에 원인이 되며 만성질환 관리에 장애요인이 되는 것으로 알려져 있다. 약사는 자신이 전달한 내용을 환자가 모두 이해했을 것이라고 생각하지말고 반드시 이해도를 확인하는 것이 중요하다. 개방형의 질문을 통해 환자의 건강정보 이해능력 수준이 어느 정도인지 확인할 수 있으며 이해능력이 제한적인 경우 제작된 서면자료를 알기 쉬운 말로 고쳐주거나, 픽토그램 복약정보를 활용하는 것을 참고해 볼 수 있다.

② 비언어적 의사소통 기술

많은 연구자들에 따르면 비언어적 의사소통은 일상 의사소통의 약 60~80%를 차지하고, 특히 심리학자인 메라비언의 경우 전체 의사소통의 93%가 비언어적 행위에 의해 이뤄진다고 하였다. 그만큼 언어적 메시지보다 비언어적 메시지가 더 중요함에 대해서는 학자들 간 의견의 일치를 보이고 있다. 비언어적 의사소통은 신뢰도가 높은 의사소통 수단으로 여겨지고 있으며 상호 신뢰 형성과 관계 강화에 중요한 요인이자 환자가 약사의 서비스를 평가할 때 결정적인 영향을 미치는 것으로 알려져 있다.

• 신체언어

얼굴표정, 미소, 고개 끄덕임 등이 이에 해당된다. 비언어적인 메시지는 언어적 메시지와의 일치성이 중요하며 일치하지 않을 경우 언어적 메시지의 설득력이 손상될 우려가 있다. 예를 들어 표정은 불편한데 겉으로는 "좋습니다", "괜찮습니다"라고 말할 경우 일반적으로 말보다는 비언어적 행위에 근거해서 전달된 메시지로 진실성을 파악하는 경향이 있다. 비언어적 행위는 무의식적으로 표출되기 때문에 감추기 어려운 특징이 있으므로 약사는 환자를 좀 더 효과적으로 이해하기 위해서는 이러한 비언어적 단서들을 잘 파악할 수 있어야 하겠다.

약사는 환자가 약국에 들어올 때 미소로 맞이하고 신체적 동작에서 공감과 헌신적인 모습이 보이는 것이 필요하며, 적절한 눈맞춤은 환자나 고객에게 관심이 있다는 표현이 되기 때문에 대화 시간 중 절반 이상은 상대방과 눈을 마주치는 것이 좋다. 다만 지나치게 뚫어지게 보는 것은 무례해 보이거나 상대방을 불편하게 만들 수 있으므로 주의를 해야 한다. 이 밖에 열린 자세, 예를 들어 다리를 꼬거나 팔짱을 끼지 않는 것은 환자가 약사를 더 공감적이며 관심있고 따뜻하다고 여기게 하는데 도움을 줄 수 있다.

• 의사언어/준언어

말투, 억양, 목소리 톤, 말의 속도 등이 이에 해당한다. 똑같은 말이라도 상냥하게 말할 때와 빈정대며 말할 때 상대는 다르게 받아드린다. 또 목소리도 퉁명스럽거나 차갑게 쏘아붙이는 것, 무기력한 목소리가 있는 반면, 부드러우며 밝고 차분하고 안정된 목소리가 있다.

복약상담 시 약사는 환자가 이해할 수 있는 속도, 환자를 존중하는 말투, 안정감 있는 목소리를 사용하며, 처음부터 끝까지 똑같은 톤으로 지루하게 말하는 것은 효과적이지 않으므로 중요한 내용은 강조해서 말을 하는 것도 방법이라 할 수 있다.

• 공간언어

환자와의 거리, 주위 사물 및 공간의 관계를 포함하는 것으로 특히 상대와의 거리는 사회문화적 규범과 관습에 근거해서 메시지를 확인하는 것이 요구된다. 공간적 관계성은 의사소통의 질에 영향을 미친다.

약사와 환자의 가까운 거리 유지는 환자 만족도와 관련이 있으며, 앉아서 이야기하는 경우 환자에게 약사가 서두르지 않는다는 인상을 줄 수 있다.

• 신체적 외형

청결하고 단정한 용모와 복장은 환자를 배려하는 의사소통의 요소 중 하나이며 외형적으로 매력이 높은 사람은 그렇지 않은 사람보다 더 친밀하고 호의적으로 지각된다는 연구결과가 있다.

약사는 항상 명찰을 착용하고 근무복과 신발을 청결히 하며 단추가 없는 부분이 있는지, 손톱이 지저분하거나 매니큐어가 벗겨지지 않았는지, 입에서 담배 냄새 등이 나지 않는지 체크해 보는 것은 환자에게 좋은 인상을 주는 데 영향을 줄 수 있다.

• 물리적 환경요소

약국 내 지저분한 분위기, 음식 냄새, 근무 중 TV 시청은 환자에게 비전문가적 이미지와 나아가 불쾌한 느낌을 갖게 하므로 피해야 할 요소라고 할 수 있다. 또한 상담을 위한 장소가 따로 마련되어 있을 경우 환자들은 약사가 매너를 갖추고 상담한다는 인식을 가지므로 이를 고려해 보는 것도 좋은 방법이 될 수 있다.

4) 약사와 타 직종 간의 의사소통

의료진 간의 협력은 질 높은 의료서비스 제공에 필수요소로 특히 약사-의사 간 효율적인 의사소통은 의료과오를 줄이고 환자의 복약순응도를 향상시키는데 도움이 되는 것으로 알려져 있다. 약물 문제와 관련해서 의사 또는 간호사와 대화를 하게 될 경우에는 서로 존중하며 약사 자신도 환자 케어에 참여하는 동등한 파트너의 자세로 임하는 것이 필요하다.

약물관련 문제가 확인되었을 경우 반드시 의사에게 연락을 해야 하며, 이에는 적응증에 해당하는 약물이 처방되지 않은 경우, 부적절한 약물이 처방된 경우, 용량오류, 약물 이상 반응, 약물 상호작용 등이 해당한다.

예) 20대 대학생인 S씨는 최근 비뇨기 감염으로 항생제 처방을 투약받기 위해 약국을 방문하였다. 약사가 투약 전 알레르기 이력을 물었으나, S씨는 대수롭지 않게 없다고 하였다. 다음날 약국에 전화를 하여 약 복용 후 두드러기에 호흡곤란이 생긴 것을 호소하였고 이에 약국을 다시 방문하였다. S씨는 과거 항생제 알레르기가 있었던 것을 떠올렸고, 약 이름을 기억하지는 못했다. 다만, 병원에 전화를 해 처방약에 문제가 있는 것인지 의사에게 확인해 보도록 약사에게 요청하였다.

위와 같이 문제가 확인되어 의사에게 연락하는 것이 필요하다고 판단하면, 직접 만나서 대화하는 것이 가장 좋지만, 가능하지 않은 경우가 많으므로 이럴 경우 주로 전화를 사용한다. 이때, 환자 정보, 환자 이름, 약물관련 정보, 문제점, 추천사항, 추천 내용 및 근거, 대체 추천안 등을 통화 전에 미리 준비해 놓는 것이 필요하다.

이때 주의할 점은, 의사의 부적절한 약물 처방이 확인되었을 경우 이를 지적하는 형태보다는 환자의 안전에 중점을 두고 제안하는 형식으로 대화를 하는 것이 바람직하며, 대화 내내 직능 간 영역을 존중하고, 자신감 있는 태도와 함께 간결하게 요점만 정리해서 말하는 기술이 필요하다.

만약 상대방이 이에 대해 적대적인 태도를 보이거나 거절의 반응을 보이는 경우, 우선 문제에 집중하며, 논쟁을 계속하지 말고 환자에게 현 상황을 설명하고 가능하면 대안을 제시하는 것도 방법이 될 수 있다. 부적절한 치료로 환자가 해를 입는 상황임에도 의사가 처방 변경을 거부한다면, 이 약이 환자에게 해로운 것으로 판단하여 이 처방약을 해당 환자에게 조제해줄 수 없으므로 처방 변경을 추천하고, 만약 받아들여지지 않을 때는 이 약을 조제할 수 없는 이유를 환자에게 설명할 수밖에 없음을 말해야한다.

4. 갈등해결

"관계가 달라질 필요가 있을 때의 진정한 해결책은
오랜 우정을 끊어버리는 것이 아니라,
새로운 관계로 바꿀 수 없는지 생각하고 살펴보는 것이다."
–빈센트 반 고흐–

갈등(conflict)은 개인 내적, 개인 간, 개인과 집단 사이, 집단 간에서 서로 다른 입장이나 견해가 충돌하고, 이해관계 등이 얽혀 불화가 일어나는 상태이다. 갈등으로 인해 관계의 평형이 깨지고, 스트레스로 인해 불편감과 불건강에 영향을 줄 수 있다. 그러나 인간은 살아가면서 갈등을 전혀 겪지 않고 살아갈 수 없다. 그러므로 갈등은 피하는 것이 아니라 관리하는 것이라는 말처럼 갈등에 직면하여 해결하는 가운데 변화가 촉진될 수 있는데 이것은 갈등이 가진 긍정적인 측면이라 할 수 있다.

우리가 살아가는 사회는 다양한 요인으로 인해 갈등이 일어나고 있다. 신념과 가치의 차이로 인한 갈등(예를 들어 양심적 병역거부나 연명치료의 거부), 한 집단 내에서 서로 다른 목표와 목표 성취방법의 차이에 의한 갈등(예를 들어 최저임금 논쟁), 상호 관계에서 서로 존중하지 않음으로 인해 자아가치감이 손상되어 나타나는 갈등, 상대방을 통제하려는 욕구의 충돌, 욕구가 충족되지 않음으로 인한 갈등이 일어난다.

1) 갈등에 대처하는 유형

일반적으로 갈등에 대해 개인, 집단이 대처하는 유형은 다음과 같다;

- 회피(avoidance) : 갈등상황에 관여하지 않고 무시한다.
- 순응(accommodation) : 자신은 이익이 없거나 손해를 보더라도 상대의 결정에 따른다. 갈등을 악화시키지 않기 위해 자신의 이익을 포기하고 손해를 감수한다. 이는 더 이상의 갈등 악화로 감정적, 현실적 소모가 커지는 것을 막기 위함이다.
- 대결(competition) : 자신의 목표를 포기하지 않고 자기 입장을 내세우며 도전한다.
- 절충(compromise) : 서로 조금씩 양보하면서 타협한다. 원래의 목표를 완전히 이루지는 못하지만 서로 손해를 최소화하고자 갈등을 조정한다.
- 협력(collaboration) : 서로의 요구를 충분히 표현하고 이해하면서 문제해결을 위해 함께 노력하는 가운데 서로의 목표를 최대한 달성하게 된다. 서로 협력하는 가운데 오히려 기대했던 것 이상의 목표를 달성할 수도 있다.

질문. 당신이 평소에 갈등에 대처하는 자세와 그렇게 대처하는 이유는 무엇인가?

2) 갈등해결 방법

(1) 갈등해결의 전략

우리는 갈등을 해결하기 위해 심사숙고하고 다방면을 고려하면서 전략을 세운다. 서로 협력관계가 되어 목표하는 바를 양쪽이 이룰 수 있다면 가장 좋겠지만 현실에서는 그렇지 않다. 서로의 욕구가 충돌할 때 우리는 나의 욕구만을 내세우기도 하고, 나의 욕구는 포기하기도 한다. 자신의 목표를 어느 정도 고수하느냐에 따라 갈등해결의 전략은 다음 세 가지로 구분할 수 있다;

① 윈-루즈(win-lose)

대다수의 사람들이 사용하는 전략으로서, 상대를 통제하여 자신의 목표를 달성하려고 한다. 자신의 목표 성취가 우선이므로 그것을 위해 인간관계가 어긋날지라도 오로지 자신의 목표달성을 위한 문제해결에만 집중하게 된다.

② 루즈-루즈(lose-lose)

앞의 win-lose전략이 실패하면 양쪽이 모두 손해를 보게 되는 경우이다. 일부러 모두 지는 전략을 사용하지는 않지만 서로 타협 없이 자기의 목표달성만을 고집할 때 어느 누구의 목표도 이루지 못하고 인간관계마저 어긋나게 된다.

③ 윈-윈(win-win)

가장 바람직한 갈등해결의 전략으로서 서로의 목표를 존중하고 충분한 의사소통과 창의적인 문제해결을 통해 서로 만족하는 결과를 얻을 수 있다. 이 전략은 충분한 시간과 에너지가 필요하고 진행이 더디므로 현실적으로 실천하기가 어렵다. 그렇지만 이 전략을 통해 갈등해결이 되면 오히려 갈등 당사자간의 관계가 좋아지고, 다른 종류의 갈등이 나타나도 적용할 자신감이 생기게 된다.

(2) 갈등해결의 원칙

갈등을 해결할 때 우리는 감정에 휩싸여 합리적이고 이성적인 판단을 놓치기 쉽다. 반면 지나치게 이성적으로 대처하다보면 비인간적인 대처로 이어져 인간관계의 욕구는 충족되지 않을 수 있다. 갈등을 해결할 때는 충분히 이성적이면서도 인간의 감정에 공감하고 존중하는 자세를 가져야 한다. 갈등을 해결하기 위해서 다음의 원칙을 염두에 두어야 한다;

- 갈등이 무엇인지를 분명히 한다. 문제가 분명해야 그 해결방향과 방법을 분명히 할 수 있다. 그러므로 갈등이 어떤 종류인지, 무엇이 문제인지를 분명하게 규정한다.
- 갈등을 유발하는 것이 무엇인지 인식한다. 단지 겉으로 드러난 문제뿐 아니라 그것을 유발한 요인을 인식하는 것은 이후 그 갈등이 반복해서 일어나는 상황을 예방한다. 또 갈등의 근본

적인 해결을 가능하게 한다.

- 문제와 사람을 분리한다. 현재 일어나고 있는 문제에 초점을 맞추고 평소 상대에 대해 가지고 있던 선입견, 편견 등이 작용하지 않도록 노력한다. 문제를 해결하는 것은 가능할지라도 사람을 변화시키는 것은 문제해결의 방법이 아니기 때문이다.
- 상대의 언행에 숨겨진 동기가 무엇인지 염두에 둔다. 겉으로 보이는 상대의 모습과 그 의도를 고려하여 상대의 의도를 인정하고 존중하는 모습을 보이는 것은 갈등해결에 도움이 될 수 있다.
- 갈등해결 방법을 가능한 많이 모색한다. 브레인스토밍(brian-storming)을 통해 다양한 갈등해결의 방법을 메모하면서 그것의 장단점, 실현 가능성 들을 숙고하여 그 중 한 방법을 선택할 수 있도록 한다.
- 선택된 갈등해결의 방법을 강요나 명령이 아닌 제안으로 표현한다.
- 상호 협력하여 서로의 목표를 달성할 수 있는 윈-윈(win-win)전략을 고려한다.

3) 갈등해결을 위한 표현

갈등해결의 원칙을 염두에 두고 전략을 세운 후 상대방에게 표현을 할 때 우리는 지금까지 학습한 다양한 긍정적인 의사소통 방식을 사용할 수 있다. 이 책의 4장, 5장, 6장을 복습하면서 상대에게 충분히 공감하면서도 자신의 의견을 주장적으로 이야기할 수 있고, 일치적이며 비폭력적인 대화 방식을 실천한다면 우리는 개인생활, 조직생활에서 경험하는 갈등들을 해결하는 가운데 나의 자존감도 유지할 수 있고 목표도 달성하며 상대와의 관계도 호전될 것이다.

반면 우리가 습관적으로 보이는 표현 중 상대방에게 상처를 주는 다음과 같은 표현들은 사용해서는 안 된다;

- 상대방을 낙인찍는 표현 (예) 너는 이기적이야
- 상대에게 빈정거리는 표현 (예) 네 멋대로 잘해보라지
- 과거의 일을 들추어내는 표현 (예) 옛날에도 그러더니 또 시작이네
- 부정적으로 비교하는 표현 (예) 넌 언니의 반도 못하는구나
- 판단하는 표현 (예) 그건 당신이 잘못한 거예요.
- 위협하는 표현 (예) 더 이상 그런 식으로 하면 절교야

질문. 당신과 갈등을 겪고 있는 사람으로부터 당신이 들었던 표현 중 상처가 되었던 메시지는 어떤 것이 있는가? 그러한 종류의 메시지가 당신에게 어떤 영향을 미쳤는가?

4) 관계의 변화를 위한 대화 과정

당신이 누군가의 관계에서 불편함이 있고 그것을 해결하기 위해 상대에게 대화를 시도하고 있다면 다음의 연습을 한 후 실제에 적용해 볼 수 있다. 이 연습은 당신이 앞장에서 지금까지 학습한 긍정적인 대화의 방법들을 포함한다.

연습 변화를 위한 대화

매번 약속 시간에 30분씩 늦는 친구가 있다면 다음의 순서에 따라 변화를 위한 대화를 시도해보자. (각 질문에 대한 답은 당신이 작성하는 것이고 아래는 가능한 예시 중의 하나일 뿐이다)

(1) 대화를 충분히 나눌 수 있는 시간을 확보한다.

>> 00야, 너에게 할 이야기가 있는데 나중에 수업 마치고 시간을 낼 수 있니? 30분 정도 이야기 나눌 수 있으면 좋겠어. 5시쯤 만날까?

(2) 문제를 정확하고 사실적으로 진술한다.

>> 너가 나와 약속을 할 때마다 30분씩 늦는 것이 반복되어서 내가 이 부분에 대해 너에게 말하고 싶어. 오늘도 5시에 만나기로 했는데 20분이 지나서 너가 왔구나.

(3) 문제에 대한 나의 감정을 표현한다.

>> 너를 기다릴 때 나는 너가 혹시 안 좋은 일이 생겨서 늦는지 걱정되고, 매번 30분씩 늦을 때 내 시간은 존중받지 못하는 것 같아서 속상해.

(4) 변화를 제안한다.

>> 앞으로는 시간 약속을 잘 지킬 수 있을까? 만약 그렇게 하지 못하는 이유가 있으면 약속 2시간 전에는 미리 알려주면 좋겠어.

(5) 변화했을 때의 긍정적인 결과를 설명한다.

>> 너가 미리 늦는다고 알려주면 나도 내 시간을 허비하지 않을 수 있고, 너를 걱정하면서 기다리지 않아도 될 것 같아. 그리고 너가 시간 맞추어서 오게 되면 나는 너와의 만남이 더 즐거울 것 같아.

(6) 변화하지 않았을 때의 부정적인 결과를 설명한다.

>> 그럼에도 불구하고 너가 계속 늦으면 나도 너를 만날 때 너처럼 늦게 나올 수도 있어. 그렇게 되면 너와 내가 만날 때마다 서로 믿지 못하고 신경전을 하게 될 것 같아. 너와의 만남이 즐

걷기보다 불편할 것 같아.

이제 위의 과정에 따라 당신의 사례를 가지고 변화를 위한 대화를 시도해보자.

그룹토의

1. 지금까지 배운 갈등해결의 전략, 의사소통 이론, 효과적 의사소통 방식들을 활용하여 부록에 수록된 다양한 갈등상황에 대처하는 영상을 촬영하여 14주차 수업 때 발표한다. 한 모둠에서 한 사례를 택하여 다음의 질문을 토론하면서 보고서로 작성하고, 갈등상황을 해결하기 위해 적절한 의사소통을 하는 장면들을 3분–5분 분량의 영상으로 촬영, 편집하여 발표한다.

1) 갈등해결을 위한 토론 내용

- ✔ 갈등상황 서술
- ✔ 누구와 누구의 갈등인가?
- ✔ 갈등의 주제는 무엇인가? (예를 들어 신념갈등, 업무갈등, 문화갈등, 대인관계갈등 등)
- ✔ 갈등 당사자들의 욕구는 각각 무엇인가?
- ✔ 갈등 당사자들의 감정은 각각 어떠한가?
- ✔ 나의 갈등해결의 목표는 무엇인가?
- ✔ 어떤 의사소통 이론에 근거하여 소통할 것인가?
- ✔ 갈등해결을 위해 어떤 구체적인 소통의 방법을 택할 것인가? (예를 들어 대화, 전화, 문자, 편지, 이메일 등)
- ✔ 어떤 효과적인 의사소통 기술들을 사용할 것인가?
- ✔ 갈등 해결 시도 시 주의할 점은 무엇인가?
- ✔ 내가 시도했을 때 어떤 결과가 예상되는가?

2) 조별 보고서에 포함될 내용

- ✔ 갈등해결을 위한 토론 내용을 질문마다 간단하게 요약정리
- ✔ 조별 과제를 위한 각 팀원의 역할 (예를 들어 토론 진행, 배역, 대본 작성, 영상 촬영, 편집, 소품 준비, 보고서 작성 등)

CHAPTER 09

대상자에 따른 의사소통 (수업 14주차)

CHAPTER 09

대상자에 따른 의사소통(수업 14주차)

단원의 목적

대상자에 따른 의사소통의 특징을 학습한다.

성취목표

1. 아동과의 의사소통 방법을 이해하고 적용할 수 있다.
2. 청소년과의 의사소통 방법을 이해하고 적용할 수 있다.
3. 노인과의 의사소통 방법을 이해하고 적용할 수 있다.

1. 아동과의 의사소통

아동은 언어와 사고가 발달되어 가는 과정가운데 있기 때문에 비언어적 의사소통의 요소가 많은 의미를 전달해 준다. 또한 주 양육자 이외의 사람에 대해 경계하고 환경의 변화에 민감하게 반응할 수 있다. 그러므로 아동과 의사소통할 때는 안정적인 분위기를 조성하며 아동이 보이는 비언어적 의사소통의 의미를 파악하고, 언어와 사고 발달의 정도를 고려하여 대화해야한다.

1) 아동 발달에 따른 의사소통 특징

(1) 영아기 아동과의 의사소통

영아는 요구나 감정을 울음과 옹알이 같은 비언어적 의사소통을 통해 표현하며, 영아를 돌보는 주 양육자는 영아가 전달하고자 하는 바를 알 수 있다. 또한 영아는 성인의 언어적 · 비언어적 의사소통에 반응할 수 있다. 안아서 가볍게 토닥거리기, 차분하고 부드러운 목소리 등은 영아를 편안하게 하지만 갑작스런 움직임이나 큰 목소리는 아기를 놀라게 할 수 있다.

특히 낯가림(stranger anxiety)을 경험하는 6개월경에는 낯선 사람이나 상황에 대해 경계하거나 공포 반응을 보일 수 있음으로 자주 반복적으로 노출하여 익숙해 질 수 있는 기회를 주고, 천천히 부드럽게 접근하며, 아기가 면담자를 관찰할 수 있는 시간을 주는 것이 좋다.

(2) 유아기 및 학령전기 아동과의 의사소통

3~5세 아동은 자기중심적이어서 타인의 생각과 기분을 인식하지 못한다. 즉 자신이 옳다고 생각하는 것을 다른 사람들도 똑 같이 생각할 것이라고 믿는다. 6~7세경에는 자신과 타인이 다른 관점을 가질 수 있다는 것을 인식할 수는 있으나 아직 다른 사람과 자신의 생각의 차이를 구별할 수는 없다.

유아기 및 학령전기 아동은 직접적이고 구체적 사고가 가능하나 아직 추상적 사고력이 발달되지 않는다. 또한 사실과 환상을 구별하지 못한다. "부끄러워서 볼이 딸기가 되었다."라고 말하면, 아동은 실제로 자신의 볼이 딸기가 된다고 생각한다. 그러므로 아동과 대화할 때는 비유나 은유를 사용하지 않고 구체적이고 직접적으로 대화하는 것이 필요하다.

이 시기 아동은 모든 물건들이 살아 있다고 생각하는 물활론적 사고를 가지고 있다. 처음 면담을 시작할 때 아동이 친숙하게 생각하는 인형을 이용하여 대화를 이끄는 것이 도움이 되며, 위협감을 주는 기계장치나 기구들은 치워두는 것이 좋다.

(3) 학령기 아동과의 의사소통

학령기 아동은 대인관계의 영역이 가정에서 또래와 선생님 등 사회적 관계로 확대되면서 타인에 대한 이해력이 점차 발달한다. 8~9세 아동은 자신과 다른 사람이 같은 일에도 다른 생각을 가질 수 있다는 것을 인식하나 자신과 타인의 관점을 동시에 고려하지는 못한다. 10-12세 아동은 자신과 타인의 관점을 동시에 고려하고 대인관계에서 자신의 생각과 감정을 조절할 수 있다. 13세 이상의 아동은 사람들이 각자 자신의 가치와 사회적 규범에 따라 행동한다는 것을 이해한다.

2) 아동과의 의사소통 기법

아동과의 의사소통에서 고려할 일반적인 원칙은 다음과 같다;

- 아동의 발달 상황을 파악한다.
- 아동과 눈높이를 맞춘다.
- 면담자가 먼저 모범을 보인다.
- 항상 긍정적인 태도로 아이를 대한다.
- 아동에게 바라는 점을 구체적으로 이야기한다.
- 아동의 올바른 행동에 적극적으로 칭찬한다.
- 아동이 바른 행동을 할 때마다 계속 칭찬한다.
- 아동과 힘겨루기를 하지 않는다.
- 가까운 곳에서 아이에게 관심을 갖고 지켜본다.

- 지나간 일을 다시 언급하지 않는다.
- 아이의 감정을 존중한다.

아동과의 의사소통을 위해 독일 가정 상담 전문가인 크리스토프 호르스트(Christof Horst)와 동료들은 이리스(IRIS) 전략을 개발하였다. 이리스(IRIS) 전략은 멈춤(Innehalten), 존중(Respekeren), 무시(Ignorieren), 행동(Selbst handeln)의 앞 글자를 따서 이름 붙여진 아동과의 의사소통 기법이다. 독일어의 이리스(IRIS)는 그리스 신화에서 나오는 무지개 여신의 이름이기도 하다. 이리스 전략을 적용할 때는 아이를 소중하고 다정하게 대하되, 행동은 단호해야한다. 다음의 사례를 통해 이리스 전략을 이해해보자.

– 사례 1

아동이 부모와 힘겨루기를 할 때

아침에 유치원에 가야하는 상황인데 아이는 밥도 안 먹고, 양치질도 안하고 모든 것에 '싫다'라고만 말한다.

엄마: 빨리 일어나 밥 먹으렴.

아이: 싫어!

엄마: 양치질하고 옷 입어 어서! 빨리 빨리 해!

아이: 싫어, 싫어, 싫단 말이야!

엄마: (강제로 옷을 입힌다.)

아이: 싫다니까!!(심하게 저항하며 운다.)

– 이리스 전략의 적용

멈춤 (Innehalten)	· 분노가 격하게 치밀어 오르거든, 자신에게 "멈춰" 라고 말한다. · 현재 상황에서 발을 빼고, 의식적으로 기세를 누그러뜨린다. · 행동을 멈추고 짧게 심호흡을 하거나, 다른 장소로 물러나 더 오랫동안 마음을 가라앉힐 수도 있다. · 어느 쪽이든 마음을 진정한 후에 다음 단계로 진행하자.
존중 (Respekeren)	· 아이를 이해하려고 노력한다. · 힘겨루기를 하는 이유를 생각해 본다. – 힘겨루기 방식을 통해야 상대방이 자신의 말에 귀 기울이게 할 수 있다고 믿음 – 자신이 스스로 결정할 수 있는 범위를 넓히거나, 좀 더 큰 사안을 결정하는 데 참여하고 싶어서 힘을 과시하는 것일 수도 있음 – 단지 상대방의 한계가 어디까지인지 시험하는 중일 수 있음
무시 (Ignorieren)	· 아이의 행동이 옳고 그른지 평가하고 따지는 일은 가급적 피한다. · 아이에게 반박할 꼬투리를 주는 것보다는 무시하는 편이 낫다.

행동 (Selbst handeln)	· 면담자가 주도권을 쥐도록 노력한다. · 면담자가 주도권을 가져옴으로써 금방이라도 벌어질 것 같은 파괴적인 힘겨루기를 피할 수 있다. · 힘겨루기에서 주도권을 잡는 방법 – 올바르게 '싫다'고 말하는 법을 보여 준다. – 금방이라도 힘겨루기로 벌어질 것 같은 상황을 놀이로 변화 시킨다. – 아이에게 결정할 자유를 주고 책임을 지운다. – 아이의 결정을 존중한다.

출처: 미운 4살부터 막무가내 8살까지 아이의 모든 행동에는 이유가 있다(크르스토프 호르스트 외, 2007)

– 사례 2

아동이 앙갚음을 하려고 할 때

동생이 태어나자 소외감을 느낀 첫째 아이가 갑자기 장난감을 던지는 폭력적인 모습을 보인다.
엄마: (아이의 행동에 놀란 엄마가 소리를 지르며 말한다.) 무슨 짓이야! 오빠가 됐으니 의젓하게 행동해야지!
아이: (아이가 소리를 지르며 말한다.) 싫어! 엄마가 뭔데! 동생한테 가버려!

– 이리스 전략의 적용

멈춤 (Innehalten)	· 마음이 몹시 상하거든, 속으로 자신을 향해 "멈춰!"라고 말한다. · 내가 상처받았다고 아이의 마음에 똑같이 상처를 입히거나, 벌을 주면 안 된다.
존중 (Respekeren)	· 아이를 존중하고, 이해하려고 노력해야 한다. · 아이가 그렇게 행동하는 것은 자신이 불공평하게 대우 받았거나, 웃음거리가 되었다고 느꼈거나, 사랑을 못 받는다고 생각하기 때문일 수 있음
무시 (Ignorieren)	· 아이가 부모의 감정을 상하게 하고 공격적으로 행동할 때는, 허용범위를 정해 주며 다음처럼 간단명료하게 저지하는 것이 좋다. – "엄마는 그런 식으로 말하는 게 싫어. 마음이 아파." – "엄마한테 그런 식으로 말하면, 네 말 들어줄 수 없어." – "엄마(아빠)는 충격 받았어. 그런 말투 싫어." · 아이 나이와 부모의 심리 상태 등에 따라서 아이에게 가볍게 말하며 넘어갈 수도 있다. "방금 말은 듣지 않는 편이 좋았겠는걸!"
행동 (Selbst handeln)	· 아이는 마음에 상치를 입었다. 그런 만큼 아이에게는 부모가 자기의 감정을 진지하게 대한다는 확신이 필요하다. · 단기적으로는 아이가 그렇게 마음 상한 이유를 알아내 본다. · 장기적으로는 아이에게 보복심을 유발하는 요인이 무엇인지를 알아보고 일상에서 대처방법을 생각한다. · 일단 아이가 마음에 상처를 받았다고 느낄 때, 부모나 다른 사람이 받아들일 수 있는 긍정적인 방법으로 표현할 수 있도록 가르쳐 준다.

출처: 미운 4살부터 막무가내 8살까지 아이의 모든 행동에는 이유가 있다(크르스토프 호르스트 외, 2007)

2. 청소년과의 의사소통

1) 청소년기의 특징에 따른 의사소통

'청소년'이라는 단어는 청년과 소년의 합성어로 성인과 아동 사이의 발달과정의 시기를 의미한다. 청소년기에는 신체적, 심리적 및 사회적으로 급격한 변화를 경험한다. 신체적으로 키와 몸무게의 성장 외에 성호르몬의 분비로 2차 성징이 나타나며, 때로 신체적 성숙도가 이들의 대처능력 보다 빠르게 진행되어 당황하거나 고민에 빠지는 경우가 있다. 심리적으로 자아정체감을 확립하는 과정에서 긴장감과 불안감이 높아지며, 감수성이 예민해지고 정서 체험도 강렬해서 대인관계 및 정서적 어려움을 경험한다. 사회적으로 부모로부터 독립을 추구하며 또래문화를 형성하는 경향을 보여 서로 간의 견해 차이로 인해 부모와의 갈등이 증가한다.

이러한 청소년기의 특징을 염두에 두고 청소년과 의사소통을 할 때는 다음의 일반적인 지침을 적용한다;

- 느낌을 표현하도록 격려한다 : 정서적 감수성이 높은 상태임으로 불쑥 던진 한마디가 많은 의미를 갖고 있는 경우가 많다. 청소년의 말에 관심을 갖고 들어주며, 말을 중간에 끊거나 충고하지 않는다.
- 청소년들이 사용하는 용어의 의미를 이해한다 : 청소년들은 그들만의 또래 언어와 문화를 갖는다. 그들의 세계를 이해하고 공감할 수 있도록 그들이 사용하는 용어의 의미를 자주 물어보는 것이 필요하다.
- 비밀을 보장해준다 : 청소년기는 특히 비밀보장에 대해 예민하다. 처음부터 비밀보장의 한계에 대해 알려주는 것이 필요하다.
- 의사소통을 격려한다 : 불안정한 정서적 상태 및 독립성의 추구로 인해 권위자와 부모와의 갈등이 자주 발생한다. 문제를 해결하기 위한 효과적인 의사소통 기술 교육이 도움이 된다.

2) 청소년에게 필요한 의사소통의 실제 : 나-전달법(I-messsage)

'나-전달법'은 상대의 기분을 상하게 하지 않으면서 자신의 감정을 효과적으로 전달하는 것에 유용한 의사소통 전략이다. 일반적으로 우리는 상대의 행동과 태도를 지적하고 비난하는 '너-전달법'을 통해 상대의 변화를 기대한다. 이러한 방식은 오히려 상대방의 기분을 상하게 하여 관계의 어긋남만 초래하게 된다. 반면 나-전달법을 사용하여 상대의 행동에 대해 비난하지 않으면서도 상대의 행동이 나에게 미치는 영향과 그에 대한 나의 감정을 설명하게 되면 상대는 기분 상하지 않고 편하게 경청하게 되고 문제가 된 행동을 수정하려는 마음이 들게 된다.

청소년은 타인의 비난에 매우 민감하며 이에 대해 수정하려고 노력하기보다는 자신을 방어하기에 급급하다. 따라서 청소년과 돌봄자가 함께 나-전달법을 사용하여 대화하는 것은 서로를 판단하거나 탓하지 않으면서 상대의 행동을 인식하게 하고, 이에 따른 나의 감정을 전달함으로써 관계가 개선될 수 있을 것이다.

연습 나-전달법 적용하기

다음 표의 상황에 대해 나-전달법의 기법 순서에 맞추어 빈칸을 채워보자.

기법	1. 상대방의 행동이나 태도에 대해 객관적으로 비판하지 않고 표현한다.	2. 상대방의 행동이 나에게 미치는 영향을 분명하고 확실하게 표현한다.	3. 그 영향으로 내가 느끼는 기분을 표현한다.	4. 그래서 상대방이 그 점에 대하여 어떻게 해주기를 바라는지 명확하게 설명한다.
상황1	제 방에 불쑥 불쑥 들어오시면	저의 개인적인 생활이 침범 받는 다는 생각에	불쾌하고 화가 나요.	제 방에 들어오실 때는 노크하고 들어와 주세요.
상황2	친구와 저의 성적을 자꾸 비교하시면			
상황3	내가 여러 번 이야기했음에도 너가 숙제를 해오지 않으면			

3. 노인과의 의사소통

1) 노인과의 의사소통 특징

노인은 노화에 따른 청력과 언어이해능력이 급격히 저하되므로 의사소통에 어려움이 따른다.

노인과 대화를 할 때는 이러한 장애를 고려하면서 그에 맞추어 대화의 속도, 목소리의 크기, 말의 길이를 조절해야 한다.

청력장애는 65세 이상 노인의 약 33%에서 보일 정도로 노년기에 흔히 발생하는 문제이다. 노년기 청력장애는 노인성 난청, 소음에의 노출, 청력체계의 병리가 원인이 된다. 노인성 난청은 노화로 인해 고막이 얇아지고 지지 근육이 위축되어 발생한다. 노인성 난청이 있을 경우 큰 소음, 여러 사람이 함께 말하는 경우 등의 상황에서 말의 이해력이 떨어지며, 같은 단어라 할지라도 고음과 '스, 쉬, 취, 트' 같은 자음을 인지하는데 어려움이 있다.

노년기 언어이해능력 저하는 시력, 청력, 및 인지능력 저하와 관련이 있다. 시력과 청력의 감퇴로 문자나 소리로 전달되는 언어 이해력이 떨어지고, 감각 신호가 왜곡되어 언어적 해석에 장애를 초래한다. 인지력 저하로 인해 말의 흐름을 쫓아가는 가는 것이 느려지고, 주의 집중력이 저하되며, 단기기억의 결손으로 인해 자신이 말하고자 했던 내용을 계속 유지하고 대화를 따라가는데 어려움이 있다.

노인들은 이와 같은 어려움으로 당황하고 좌절을 경험하며, 결국 다른 사람과의 대화를 포기하고 스스로 고립되는 경우가 많다. 청각과 언어이해 능력 저하를 보이는 경우에는 짧은 문장으로 천천히 말하고, 특히 자음을 길게 늘여서 말하는 것이 내용 이해에 도움을 준다. 또한 노인이 무엇인가를 말하려 할 때 막힘과 반복적인 경향이 있더라도 경청하고 말하려는 의미를 확인하는 것이 필요하다.

이러한 노인의 취약점을 고려하여 의사소통할 때 다음의 일반적인 지침을 적용한다;

- 안정적인 환경을 조성하기 위하여 소음을 줄이고, 조명을 알맞게 조정한다.
- 보청기를 사용하는 어르신의 경우 작동여부를 확인한다.
- 얼굴 표정을 보고, 소리를 잘 들을 수 있도록 가까운 곳에서 말한다.
- 천천히 말한다.
- 큰 소리의 고음으로 말하지 말고, 중간 크기의 저음으로 말한다.
- 동작을 사용하여 대화의 의미를 전달한다.
- 사진, 문자와 같은 보조 자료를 활용한다.
- 복잡한 질문은 한 번에 하나씩 끊어서 묻는다.
- 내용을 간단하게 말한다.
- 중요한 부분을 반복해서 말한다.
- 집중력과 체력을 고려하여 의사소통의 양을 적절하게 조절한다.

2) 치매를 앓는 노인과의 의사소통

치매는 정상적으로 생활해 오던 사람이 후천적으로 다양한 원인으로 인해 기억력을 비롯한 여러 가지 인지기능의 장애가 나타나 일상생활을 혼자하기 어려울 정도로 심한 장애를 초래하는 상태이다.

치매의 인지기능 증상에는 '기억력 장애, 지남력 장애, 언어능력 장애, 시공간 능력 장애, 실행능력 장애, 판단력 장애'가 있으며, 흔히 발생하는 정신행동 증상에는 '망상과 의심, 환각과 착각, 우울, 무감동, 배회, 초조, 공격성, 수면장애'가 있다.

치매의 증상은 초기, 중기 말기로 분류할 수 있다.

초기 치매 증상	· 최근 기억의 감퇴가 시작 됨 · 예전 기억은 유지되나 최근에 있었던 일을 잊어버림 · 조금 전에 했던 말을 반복하거나 질문을 되풀이 함 · 대화 중 정확한 단어가 떠오르지 않아 '그것, 저것'으로 표현하거나 머뭇거림
중기 치매 증상	· 오늘이 며칠인지, 지금이 몇 시인지, 어느 계절인지, 자신이 어디에 있는지 등을 파악하지 못함 · 평소에 잘 알고 지내던 사람들을 혼동하기 시작하지만 대부분 가족은 알아 봄 · 대답 못하고 머뭇거리거나 화를 내기도 함 · 다른 사람들이 말하는 것을 이해하지 못하여 엉뚱한 대답을 하거나 그저 "예"라고 대답함 · 익숙한 장소임에도 불구하고 길을 잃어버리는 경우가 많음
말기 치매 증상	· 식사, 옷 입기, 세수하기, 대소변 가리기 등에 대해 완전히 다른 사람의 도움을 필요로 함 · 대부분의 기억이 상실됨 · 혼자 웅얼거리거나 전혀 말을 하지 못함 · 의미 있는 판단을 내릴 수 없고, 간단한 지시도 따르지 못함

출처: 치매가족교육 헤아림(중앙치매센터, 2018)

이렇게 치매를 앓는 노인은 질병으로 인해 단어선택의 어려움, 유창성 저하, 이해력 저하 등 언어적 문제와 청력감퇴, 낮은 집중력, 기억력 문제 및 정서적 문제 등의 비언어적 문제로 인해 의사소통의 어려움이 있다. 점차 인지기능이 저하되는 질병임으로 이를 감안하여 의사소통해야 한다.

치매 어르신과 의사소통 할 때 일반적으로 지켜야할 사항은 다음과 같다;

- 인격적으로 대하고 존중한다.
- 어린 아이처럼 취급하지 않는다.
- 정확한 논리를 설명하지 않는다.
- 시시비비를 가리기 위한 논쟁을 하지 않는다.
- '기억하느냐?, 아느냐?' 식의 테스트를 하지 않고 모르는 것은 정확히 알려 준다.
- 한 가지 일에 지나치게 집착하고 조르면, 다른 관심사로 주위를 전환시킨다.

– 사례

치매를 앓는 노인과의 의사소통 적용

방금 식사를 했음에도 며느리가 자신에게 밥을 주지 않는다고 화내고 있는 노인과의 대화

비효과적 의사소통	치매 어르신: 너 밥 왜 안 주는 거야? 부인: 여보 왜 그러는 거야? 왜 자꾸 이러는 거야? 치매 어르신: 아니라니까. 제가 나한테 밥도 안줘. 자꾸 꼬집고. 며느리: 아버님 방금 식사하셨잖아요. 치매 어르신: 언제? 며느리: 방금 드렸어요.
의사소통 지침	피해망상이 나타날 때는 그것을 고치려고 설득하거나 논쟁하지 말고 망상으로 인한 치매어르신의 감정을 헤아려 주려고 노력한다. 치매 어르신이 좋아하는 활동으로 유도하거나 주제를 바꾸어 치매 어르신의 관심을 다른 곳으로 돌린다.

효과적 의사소통	치매 어르신: 너 밥 왜 안 주는 거야? 며느리: 지금 밥을 하고 있어요. 기다리면서 과일 좀 드세요. 밥 다 되었는지 보고 올게요. 부인: (사진첩을 보여준다.) 여보 우리 옛날 사진 볼까요?

출처: 중앙치매센터, 치매 가족 교육 영상「2014 마음 읽어주기_망상 편」

부 록

1. 조하리창

1) 자기 개방정도

- 다른 사람에게 나에 관한 이야기를 잘하는가?
- 다른 사람에게 나의 모습을 잘 드러내 보이는가?
- 다른 사람에게 나의 속마음을 잘 내보이는가?

→ 사각형 수직축

2) 피드백을 얻는 정도

- 다른 사람이 나에 대해 어떤 생각을 가지고 있는지 알려고 노력하는가?
- 다른 사람이 나에 관해서 하는 말에 귀를 기울이는가?
- 다른 사람이 나를 어떻게 평가하고 있는지 잘 알고 있는가?

→ 수평축

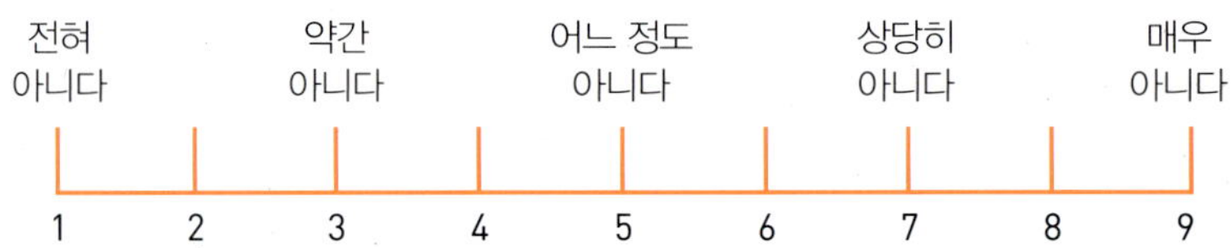

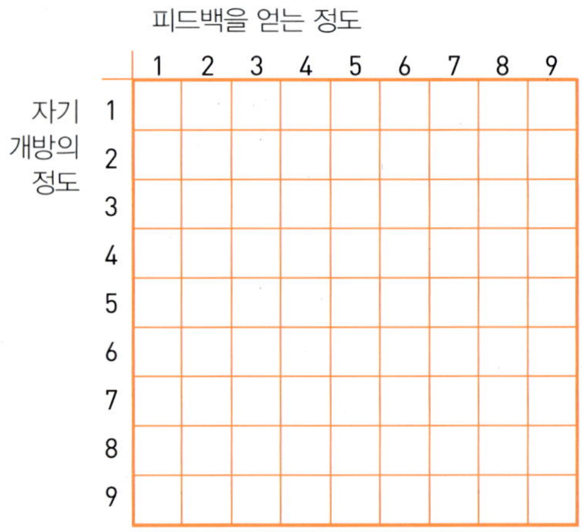

2. 에니어그램 유형별 질문지

〈인성유형 1번〉 질문사항

1. 나는 분별력이 있고 매우 신중한 편이다. 사실, 정확한 판단력이야말로 내가 지닌 강점 중의 하나이다.
2. 나는 옳고 그름, 선과 악에 대한 도덕의식이 강한 양심적인 사람이다.
3. 나는 나와 의견이 다른 사람들의 신념이나 행동을 비교적 잘 받아들이는 편이다. 옳지 않은 구석이 있어도 묵묵히 받아들인다.
4. 개인적으로는 다소 불편한 점이 있고 나의 직접적인 이익과는 관계가 없더라도, 내 생각에 최선이라고 생각되는 바를 양심에 따라 행한다.
5. 나는 항상 공정하려고 애쓴다. 사사로운 감정에는 매이지 않는 편이다.
6. 성실하게 사는 것이 나에게는 매우 중요하다. 누군가에게 내가 잘못한 일이 있다고 여겨지면 밤잠을 이루지 못한다.
7. 뭔가 잘못된 것을 보면, 언제 어디서든 개선을 위해서 내가 할 바를 다해야 한다고 생각한다. 그래야 더 나은 세상이 될 것 아닌가.
8. 이상을 실현하려고 애쓰지 않으면 안 되는 내 지나친 성벽 때문에 지치고 힘이 빠질 때가 적지 않지만, 그것이 사실인 것을 어이하랴.
9. 다른 사람들에게는 내가 감정도 없고 “칼로 자른 듯이 무미건조한” 사람처럼 비치기도 할 것이다. 하지만 그것은 나라는 사람을 잘 모르기 때문에 하는 소리다.
10. 일이 제대로 처리되고 통제되려면 조직적으로 처리하는 것이 필요하다.
11. 내가 하지 않으면 그 일을 누가 하겠느냐는 생각에 사로잡힐 때가 적지 않다. 그런 내 생각이 대개는 들어맞는다.
12. 나처럼 철두철미하게, 또 확실하게 일을 잘 처리하는 사람은 찾아보기 어려울 것이다. 대다수 사람들은 너무 게으르고, 나사가 빠진 것처럼 여겨질 때가 적지 않다.
13. 내가 심한 일 중독자라고는 생각하지 않는다. 하지만 신경 써야 할 일이 너무 많아서 마음 편히 쉴 시간을 내기가 어렵다.
14. 어떤 일이든 내 나름의 의견과 주장을 갖고 있는 편이다. 대개는 내 생각이 옳다고 본다. 그렇지 않다면, 내가 그런 주의 주장을 가질 필요가 어디 있겠는가?
15. 내 주변 사람들이 잘못된 것을 보고, 내가 하라는 대로만 따랐어도 훨씬 더 나아졌을 텐데, 하고 생각한 적이 여러 번 있다.
16. 옳은 것은 옳고, 그른 것은 그르다. 예외 규정을 두어야 할 이유를 모르겠다.
17. 상식 이하의 말이나 행동을 하는 것을 보면 참을 수 없다. 사람들이 잘못되는 것을 보면 그

것을 바로잡아야 할 책임이 나에게 있다고 생각한다.

18. 능률과 실질을 중시하여 꽉 짜인 시간표대로 살기 때문인지, 나도 때로는 많이 외로워하고 슬픔에 잠긴다는 것을 아는 사람이 거의 없는 것 같다.
19. 내가 어떤 일들에 대해서는 강박적일 정도로 까다롭게 구는 것처럼 보이는 것이 사실이다. 하지만 의당 그래야 하기 때문에 그러는 것일 뿐, 꼬투리를 잡아 일부러 그러는 것은 아니다.
20. 내가 부단히 애쓰는 것은 사실이지만, 내 기준에는 미치지 못하는 경우가 많다. 그로 인해 낙심할 때가 적지 않다.

〈인성유형 2번〉 질문사항

1. 컨디션이 최상일 때, 나는 다른 사람들을 아무 조건 없이 좋아하고 사랑한다. 내가 해준 것에 대해 보담을 하든 하지 않든 개의하지 않는다.
2. 나는 다른 사람들의 건강과 행복을 진심으로 걱정하는 편이다. 사람들도 나를 두고 그렇게 말한다.
3. 나를 아낌없이 베푸는 성자 같은 사람이라고 생각하는 사람들이 있다. 하지만 나는 자신을 그런 식으로 생각하지 않는다. 나는 내가 불완전하다는 것을 잘 안다.
4. 나도 모르게 다른 사람을 위하여 마음을 쓸 때가 종종 있다. 크게 의식하지 않고 다른 사람들을 위해 일하고 있는 경우가 적지 않다.
5. 사람들에게 좋은 일이 생기면 나도 행복하다. 남을 위하는 일이라면 나 자신의 시간과 일정에 지장이 있더라고 그리 상관하지 않고 돕는다.
6. 나는 다른 사람들을 염려하고 돌보아 주기를 좋아한다. 다른 사람들을 진심으로 걱정하고, 다른 사람들에 대해 늘 깊은 관심을 갖고 살아간다.
7. 내 인생에서 가장 가치 있는 것은 사랑이다. 사랑이 없다면 인생이 도대체 무슨 의미가 있겠는가?
8. 좋은 친구가 되려면 자신이 얼마나 그 사람을 좋아하고 사랑하는가를 그 사람에게 보여주어야 한다.
9. 사람들과 친하게 지내는 것은 좋은 일이다. 좋은 감정을 말이나 몸으로 표현하는 것이 나에게는 어색한 일이 아니다. 껴안고 키스하는 것도 익숙한 편이다.
10. 나는 내 친구들과의 우정에 대해 자주 생각하는 편이다. 아주 가까운 친구들을 다섯 명 내지 열 명 정도 꼽을 수 있다.
11. 나는 가족이나 친구들과 함께 지내는 것을 즐긴다. 조언이나 충고를 듣고 싶어서 찾아오는 사람들을 기꺼이 맞아 준다.
12. 나는 사람들을 지배하거나 장악할 마음이 별로 없다. 그렇다고 해서, 나에게 중요한 사람들이 어떻게 되든 괜찮다는 것은 결코 아니다.
13. 나는 다른 사람들에게 필요한 사람이 되고 싶다. 그래야 내가 가치 있는 사람이 될 것이기 때문이다. 이 점은 다른 사람들도 마찬가지일 것이다.
14. 나는 너무 선량하여 나 자신의 이익을 챙기지 못하는 편이다. 주변 사람들을 열심히 챙기는 그만큼 이젠 나 자신도 챙겨야 할 필요가 있지 않을까?
15. 나는 정말 관대하고 사려 깊은 사람이다. 내 주변 사람들은 나를 만난 것이 행운이다.
16. 내 주변 사람들을 내가 얼마나 걱정하고 염려하는지, 내가 얼마나 마음을 쓰는지, 그 사

람들이 내 마음을 알아주는 것이 나에게는 정말 중요한 일이다.

17. 나에게는 다른 사람을 조종하여 어떤 일을 성사시킬 마음이 거의 없다. 어쩌다 불가피하게 그런 경우가 있다면, 그들이 최선을 다하도록 하기 위해서이다.
18. 내가 나의 가족이나 친구들을 돌본 것처럼 언젠가는 그들이 나를 돌보아야 할 날이 올 것이다.
19. 사람들은 내가 베푸는 것을 너무 당연시하고 내 욕구와 필요에 대해서는 신경을 써주지 않는 것 같다. 그 점이 걱정이 될 때가 종종 있다.
20. 돌아보면, 정도 이상으로 아픈 날이 많았던 것 같다. 다른 사람들은 잘 돌보면서 정작 나 자신은 돌보지 못했던 것 같다.

〈인성유형 3번〉 질문사항

1. 나는 자신을 있는 그대로 받아들이는 편이다. 내 한계가 어디까지이고 무엇을 잘하는지 솔직하게 인정한다.
2. 나는 스스로 가치 있는 존재라고 느끼기 때문에 확신을 갖고 살아가는 편이다.
3. 나는 주의 주장이 뚜렷하다. 나는 다른 사람들에게 자신감이 넘치고 확고한 사람이라는 인상을 준다.
4. 나는 내가 좋다. 나는 가치 있고 바람직스러우며 자신이 대견하다고 생각한다.
5. 나는 내가 발전하고 있다고 믿는다. 다른 사람들도 자기 자신을 향상시키기 위해 시간과 노력을 아끼지 말아야 할 것이다.
6. 나는 항상 별난 사람이 되고자 애쓴다. 다른 사람들도 나를 뭔가 범상치 않는 사람이라고 생각한다.
7. 이런저런 이유로 사람들은 나를 시샘하는 것 같다. 드러내 놓고 그렇게 말하지는 않지만, 나는 그것을 알 수 있다.
8. 나는 최선을 다하는 사람이 되고 싶다. 다른 사람들보다 뛰어난 데가 있어야지, 그렇지 않다면 무슨 맛으로 산단 말인가?
9. 나는 일하는 요령을 아는 사람이다. 나는 일이 되게 하는 법을 알고 있으며, 다른 사람이 내 앞길을 방해하도록 허락하지 않는다. 경력을 쌓는 일에는 더 그렇다.
10. 살아가노라면 일의 성취를 위해 다른 사람들에게 좋은 인상을 주어야 할 때가 적지 않다. 나는 수완 있는 사람이며 사람을 끌어들이는 교묘한 재주가 있다.
11. 성공하기를 원한다면, 좋은 인상을 줄 수 있는 방법을 알아야 한다.
12. 자기 현실은 자신이 창조한다. 남보다 뒤떨어진 사람이 되거나 실패를 하는 것도 그 사람 자신의 선택이다. 자기 인생은 자기가 책임질 수 있어야 한다.
13. 뭔가 일이 잘 안 풀리면 방법을 바꿔야 한다. 작전을 다시 짜서 목표를 성취하기 위해 필요한 일을 행해야 한다.
14. 나에게는 남들이 나를 어떻게 생각하느냐가 중요하다. 부당한 대접을 받으면 나는 참을성이 없는 편이다.
15. 목표를 성취하기 위해서라면 수단과 방법을 아끼지 않는 편이다. 목표를 달성하는 것이 첫째이고, 그 밖의 것은 그리 중요하지 않다.
16. 나는 목표를 향해서 일관된 원칙을 갖고 달려간다. 내가 가진 능력을 발휘하여 성공적인 인생을 구가하기 위해 애쓴다. 나는 여러 가지 면에서 갖출 것을 다 갖췄다.
17. 다른 사람들보다 앞서 가기 위해 때로는 원리 원칙을 어기기도 한 것이 사실이다. 하지만

모두가 다 그렇게 자기 요령껏 살고 있지 않은가?

18. 나는 대개 사람들을 내 편으로 끌어들여 이용하는 편이다. 하지만 너무 가까워져서 허물이 없어지는 것은 경계한다.
19. 많은 이들이 나를 우러러보고 대단한 사람이라고 생각하는 경향이 있다. 하지만 그것이 "진짜" 내 모습은 아니기에, 그들이 진상을 알게 될까 봐 은근히 걱정이 되기도 한다.
20. 나는 사람들에게 자신감 넘치는 사람으로 비칠지 모르지만, 내심으로는 은근히 실패를 두려워한다. 하지만 실패한다는 것은 상상조차 하고 싶지 않다.

〈인성유형 4번〉 질문사항

1. 섬세하고 예민하다는 것은 내가 가진 강점 중의 하나이다. 나는 사소한 경험에서도 남보다 많은 것을 느끼고 배운다.
2. 기분이 좋으면, 나는 사소한 것에서도 영감을 받아 뭔가를 창조하는 능력이 있다.
3. 좋든 궂든, 나는 내 직관에 따라 행동하는 경향이 있다.
4. 자기 자신에게 정직하게 살아야 한다. 인간이라 어쩔 수 없이 자신마저 속여야 할 때가 있겠지만, 나는 가능하면 진실하게 살려고 애쓴다.
5. 내가 가진 창조력은 개인적으로나 예술적으로나, 내 자신의 깊은 느낌을 어떤 형태로 표현하는 데서 나온다.
6. 나는 늘 내가 느끼는 것들에 주목하고, 직관이 나에게 말해 주는 것들이 무엇인지 자신에게 정직해지려고 애쓴다.
7. 좋든 궂든, 나는 상상력이 풍부하다. 하지만 정서적으로 상처 받기 쉽고, 우울한 느낌에 사로잡혀 지낼 때도 적지 않다.
8. 나는 상상 속에서 사람들과 긴 대화를 하고, 그들에 대하여 공상을 하면서 많은 시간을 보낸다.
9. 나는 시적인 감수성이 풍부하다. 하지만 정서적으로 상처 받기 쉽고, 우울한 느낌에 사로잡혀 지낼 때도 적지 않다.
10. 나는 내 행동과 동기, 누군가에게 이미 내뱉은 말을 곱씹을 때가 많다. 어떤 일을 맡을 것인지 여부에 대해서도 깊이 생각하고 재는 편이다.
11. 나는 혼자서 낭만적인 생각에 빠져서 지낼 때가 적지 않다. 나중에 실상을 알고 실망하여 꿈에서 깬 듯한 기분이 되곤 한다. 나 혼자만의 몽상 때문에 사람들을 오해하여, 나중에 당황하는 일이 종종 있다.
12. 다른 사람이 내 속을 뒤집어 놓는 말을 할 때도, 나는 거기에 직접 반응하지 못하고 마음속으로 삼켜 버릴 때가 많다.
13. 내 주변 사람들, 심지어는 친구들마저 불편하게 느껴질 때가 적지 않다. 왜인지는 잘 알 수 없지만, 그냥 혼자 있고 싶어질 때가 많다.
14. 내가 상처 받을 가능성이 있다고 여겨지면, 나는 자신을 지키기 위해 내 껍질 속으로 움츠러드는 경향이 있다.
15. 그렇게 움츠러드는 것이 나에게는 몹시 고통스럽다. 사람들에게 화가 나면 나는 그들과 한 방에 있는 것조차 싫고, 무엇 때문에 내가 괴로워하는지 말하고 싶지도 않다.
16. 다른 사람들 모두가 나보다 행복해 보일 때가 있다. 나는 정서적으로 상처를 받아서 내

할 바를 다하지 못하고 있는 것 같다.

17. 나는 몸과 마음을 추스르기가 불가능한 것 같다. 어디에서 어떻게 시작해야 할지 모르겠다. 좀 나아지다가도 금세 모든 것을 잃어버리게 될 것 같은 기분에 휩싸인다.
18. 나는 자신을 심하게 질책하는 경우가 적지 않다. 다른 누구보다도 스스로 자신을 혹독하게 질책하고 비난한다.
19. 나는 자살에 대하여 생각한 적이 있다. 언젠가는 어쩔 수 없이 자살을 택하게 될지도 모른다.
20. 인생은 고통과 상실과 슬픔으로 가득하다. 내 인생도 한때 그런 적이 있다.

〈인성유형 5번〉 질문사항

1. 나는 주변의 세상에 대해 깊이 통찰할 수 있는 능력을 지니고 있다. 다른 사람들이 무시하거나 놓치고 지나는 것을 나는 곧잘 알아차린다.
2. 선견지명은 내가 지닌 강점 중의 하나이다. 나에게는 무슨 일이 생기기 전에 미리 알아차리고 예견할 수 있는 능력이 있는 것 같다.
3. 나는 내가 관심을 갖고 있는 것이나 일에 집중할 수 있는 능력이 있다.
4. 나는 스스로 생각해도 놀랄 만큼 독창적인 생각이나 혁신적인 아이디어가 있다.
5. 사람들은 어렵거나 복잡한 문제가 있으면 나에게 온다. 나에게 오면 해결될 것이라고 생각하기 때문이다.
6. 앎을 추구하는 것이 나에게는 아주 소중한 일이다. 책만 있으면 혼자 내버려두어도 아주 행복해한다.
7. 지적인 추구란 인생에서 매우 흥미로운 주제이다.
8. 학문적인 탐구에 정신이 팔려 시간 가는 줄 모를 때가 많다.
9. 나는 열정적인 사람이라 할 수 있다. 어떤 것에 몰두하면 완전히 빠져 버린다.
10. 아무래도 조금 이상한 사람이 아니냐고 사람들에게 놀림감이 된 적이 있다. "정신 나간 사람" 같다든가, "얼이 빠진 것 같다"는 말을 들은 적이 있지만, 내 생각에도 어느 정도 맞는 말이다.
11. 머릿속 생각이 너무 복잡해서 그것을 표현하기가 곤란한 경우가 있다. 그럴 때는 내가 아무리 설명하려고 애써도 다른 사람들이 이해하기가 어려울 것이다.
12. 나는 호기심이 많고, 한번 파고들면 끝장을 보아야 하는 성질 때문에 대인관계에 곤란을 겪는 경우가 자주 있다. 나의 강렬한 열정이 다른 사람들을 압도해 버림으로써 원만한 인간관계가 어려운 경우도 있다.
13. 평범한 사람들은 천재를 이해할 수 없다. 내 생각과 사상이 시대를 너무나 앞선 것이어서 어느 누구와도 거기에 대해 토론조차 할 수 없는 경우가 있다.
14. 오랫동안 헤맸던 문제에 대해 놀라운 해답을 찾아낸 경험이 적어도 한두 번은 있다. 그때 나는 뭔가 중요한 열쇠를 손에 쥔 기분이었다.
15. 나는 대다수의 사람들에 비해 물질적인 부를 그다지 추구하지 않는 편이다. 정신적인 만족이 채워지면 물질은 그리 중요하지 않다.
16. 대다수 사람들은 너무 어리석어서 일이 실제로 어떻게 돌아가는지 이해하지 못한다. 냉정하게 제정신 갖고 사는 사람을 찾기란 실로 드문 일이다.
17. 세상의 종교는 대개가 유치하고 미신 투성이인데도, 그런 종교에 매달리는 사람들이 너무 많다.

18. 혼자 지내는 것이 더 쉽고 편하다. 다른 사람들이 나에게 접근해 오는 것이 달갑지 않다. 내가 무슨 생각을 하고, 무슨 일을 하고 사는지 알려고 하는 것도 반갑지 않다.
19. 생각 자체에 발이 달려서 저 스스로 달려가고 있는 것 같은 경우가 종종 있다. 생각이 너무 빨리 휙휙 지나가기 때문에 따라잡기가 어려울 지경이다. 그런 생각 속을 헤매다가 밤잠을 설칠 때가 적지 않다.
20. 낯설고 기이한 생각에 내 자신도 놀랄 때가 있다. 아무에게도 말할 수 없지만, 그것이 바로 내가 보고 느낀 그대로의 세상인 경우가 있다.

〈인성유형 6번〉 질문사항

1. 컨디션이 좋을 때, 나는 놀라울 정도로 용기가 있고, 신실하고, 인내심이 많다. 사람들은 그런 나에게 신뢰를 보내 준다.
2. 나는 대다수 사람들보다 빈틈이 없는 편이어서, 잠재적인 문제점들을 늘 인식하고 있다.
3. 나는 다른 사람들과 공통된 마당을 찾고, 그 안에서 즐기는 편이다. 남들이 나를 좋아해 주어야 마음이 놓인다.
4. 마음 편한 직장, 따뜻한 인간관계가 나에게는 아주 중요하다.
5. 나에게 마음을 주고 잘 대해 주는 사람들에게는 나도 잘 대해 준다. 내 가족과 친구들은 내가 책임감이 있는 사람이라는 것을 잘 안다.
6. 나는 열심히 일하는, 믿을 만한 일꾼이다. 나는 자신과 가족을 위해 안정된 삶을 일구고자 몸 바쳐 일해 왔다.
7. 내 인생은 여러 모로 성공적이라 할 수 있지만, 그럼에도 자신이 과연 성공한 사람인가에 대해서는 여전히 미심쩍다.
8. 중요한 결정을 내려야 할 필요가 있을 때는 우유부단하거나 지나치게 걱정하는 경향이 있다. 하지만 다른 사람이 내 대신 결정을 내리는 것은 참을 수 없다.
9. 누구를 믿어야 좋을지, 무엇을 의지해야 할지를 알기 위해 많은 시간을 쓰곤 한다.
10. 다른 사람들이 나를 어떻게 생각하는지, 확신할 수 없을 때가 많다. 다른 사람들이 나를 좋아하는 것처럼 여겨질 때가 있는가 하면, 그렇지 않다고 느낄 때도 가끔 있다.
11. 기껏 웃긴다고 한 이야기로 인해 사람들에게 오히려 비웃음을 산 적이 있다. 정말 말하고자 했던 것과는 표현이 어긋나는 경우가 종종 있기 때문이다. 그럴 때 그 사람들은 내가 진심을 말한 것인지 아닌지 알아차리지 못한다.
12. 문제가 생기면 극도로 신중해지는 경향이 있다. 하지만 문제를 피하거나 끝내 버리려고 충동적으로 그 일을 해치워 버리는 경우가 적지 않다.
13. 나는 대개 사람들이 나에게 기대하는 대로 처신한다. 하지만 사람들의 기대를 거스르는 경우도 있다.
14. 규칙이나 절차를 항상 따르는 것은 아니지만, 규칙이나 절차라는 것이 무엇인지 아리송할 때가 적지 않다. 무엇이 규칙인지를 알아야 내가 규칙을 어기고 있는지도 알 수 있을 것이 아닌가?
15. 남들이 법을 어기고 무시하는 것을 볼 때면 열을 받는다.
16. 근심 걱정으로 속을 끓일 때가 있지만, 그렇다고 제 정신을 잃는 경우는 거의 없다.
17. 항상 그런 것은 아니지만 그래야 할 경우에는 고집을 피우기도 한다.

18. 뜻한 바대로 적극적이기 못했거나 주체적으로 결정을 내리지 못한 데 대해 나 자신을 질책하는 경우가 있다. 특히 나를 믿어 주었던 사람을 실망시킨 경우에는 더욱 더 그렇다.
19. 나를 싫어하여 궁지에 빠뜨리려 한다고 사람을 의심한 적이 있다. 나를 이용할 수만 있다면 그럴 사람이라고 의심하는 경우도 있다.
20. 정말로 화가 나거나 스트레스가 심할 때, 일이 잘 풀리지 않을 때면, 너무 긴장한 나머지 과잉 반응을 보이는 경향이 있다.

〈인성유형 7번〉 질문사항

1. 삶이란 경이로운 선물이다. 가만히 생각해 보면, 내 인생에는 감사할 일이 많은 것 같다.
2. 일이 잘 풀릴 때, 나는 활력이 넘쳐서 거침이 없고 생명력이 충만하다. 나같이 행복해하는 사람은 세상에 둘도 없는 것 같다.
3. 나에게는 신나고 즐거운 일이 많다. 재미있는 일이 한두 가지가 아니다.
4. 나에게는 여러 가지 재주가 있고, 내가 아는 한 나만큼 뛰어난 사람은 찾아보기가 쉽지 않다. 나는 잘 하는 것들이 진짜 많다.
5. 나는 매우 실제적이고 생산적인 사람이다. 현실에 기반을 두고, 일을 처리하는 방법을 잘 안다.
6. 나는 여행을 즐기고, 영화를 비롯한 다양한 공연을 즐긴다. 레스토랑에 가는 것도 좋아한다. 친구들과 어울려서 노는 것이 좋다.
7. 세상에는 즐길 것들이 너무 많다. 한 번뿐인 인생이니, 할 것 다 해보고 가야 하지 않겠는가?
8. 뭔가를 원한다면, 그것을 거부할 이유는 없다. 좋은 것들을 마음껏 즐기고 가고 싶다.
9. 지루한 것은 딱 질색이다. 가능하면 신나게 사는 것이 좋다. 내 달력은 할 일들로 가득 차 있고, 바쁘게 좋아하는 일을 하면서 살고 싶다.
10. 웃고 떠들고 대화하면서 즐기는 것이 좋다. 때로는 몹시 화가 날 때도 있고 지나친 경우도 없지 않지만, 만사를 "내 멋대로" 살아야 직성이 풀린다.
11. 나는 뭐든지 터놓고 말하는 솔직한 사람이다. 내가 아는 한, 나는 아무도 못 말리는 사람 축에 든다. 다른 사람들이 차마 하지 못하는 말도 나는 서슴없이 하는 편이다.
12. 사람들이 나에게 너무 지나치다고 해도 나는 그다지 상관하지 않는다. 뭔가 내가 좋아하는 것들을 해야 하고, 인생에 뛰어들어서 충분히 즐겨야 직성이 풀린다.
13. 나는 극단으로 흐르는 경향이 있다. 마음껏 먹고 즐기고 나면 대기근이 닥친다고 해도, 일단은 즐길 수 있는 한 즐기자는 주의다.
14. 없는 것보다는 넘치는 것이 더 낫고, 좋은 것은 많을수록 좋다.
15. 불편한 것은 참을 수 없다. 좌절감 때문에 미칠 것만 같아서 비명이라도 질러야 살 것 같은 기분이 들 때가 있다. 실제로 그렇게 소리를 지르기도 한다!
16. 여러 가지 것들에 너무 '깊이' 빠져서 중독되는 경향이 있다. 무엇인가에 맛이 들리면, 거기에 빠져서 더욱 더 그것을 원하곤 한다.
17. 풀이 죽어서 의기소침해지기보다는 차라리 도피하는 편이 더 낫다. 끊임없이 뭔가를 하고, 뒤돌아보는 일은 거의 없다.
18. 나를 두고, 무엇이든 원하는 것을 얻기 위해 밀어붙이는 성격이라고 말하는 사람들이 있

다. 남들이 어떻게 생각하든 나는 개의하지 않고, 내가 원하는 인생을 살고자 한다.

19. 나 자신도 어떻게 할 수 없는 통제불능의 상황에 빠진 적이 있다. 혹은 그럴뻔 한 기간이 있었다.
20. 겁을 먹고 조바심이 날 때가 가끔 있다. 그러나 뭔가 새로운 일에 빠져서 지내다 보면, 근심 걱정 같은 것은 깨끗이 사라져 버린다.

〈인성유형 8번〉 질문사항

1. 나는 고집이 세고 늘 자신감에 넘쳐 있다.
2. 나는 기회가 오면 이를 잘 알아차린다. 내가 원하는 대로 일이 되게 하는 방식을 알고 있고, 주변 사람들을 끌어 모아서 그 일을 성취한다.
3. 나는 '배짱'이 두둑한 사람이다. 나는 용기 있고, 어려운 일도 기꺼이 도전하고, 또 그 일에 성공한다.
4. 나는 강하고, 결단력이 있고, 어려운 결정도 곧잘 내린다. 그런 이유로 사람들은 나에게 리더 역할을 해주기를 기대한다.
5. 나는 모험과 스릴을 즐기는 편이다. 스스로를 궁지에 몰아넣기도 하지만, 여러 가지 곤경을 딛고 성공한다.
6. 나는 사람들에게 존경심을 불러일으킨다. 남들은 나를 올려다보고 나에게 복종한다.
7. 나는 열정을 가진 타고난 지도자이다. 사람들은 언제 어느 대목에서 나에게 동조해야 하는지 잘 아는 편이다.
8. 부당하다고 여겨지는 것이 있을 때는 참지 못하고 끼어들어서 그것을 솔직하게 폭로하는 편이다.
9. 가능하기만 하다면 독립적으로 내 사업을 꾸려 간다. 누군가 나에게 영향력을 행사하도록 놓아두고 싶지 않다.
10. 나는 타고난 협상가이다. 나는 어떤 방식으로 일을 밀어붙여야 하는지 잘 안다. 필요한 경우에는 '노'라고 말할 줄도 안다. 양보는 있을 수 없다.
11. 나는 내가 원하는 것을 얻는 방법을 잘 안다. 사람들을 잘 설득한다.
12. 일단 하기로 마음먹었다면 죽기 살기로 해야 한다. 무슨 일이든 다른 사람을 제치고 정상에 올라야 직성이 풀린다.
13. 대다수 사람들보다 내가 더 강하다는 점에는 의문의 여지가 없다. 내가 얼마나 많이 다른 사람들을 배려하는지에 대해서는 나를 아주 잘 아는 소수의 사람들만이 알아차리는 것 같다.
14. 꼭 필요한 경우에는 다른 사람들과 직접 맞닥뜨려서 해결을 보아야 한다. 나는 그런 일을 꺼리지 않는다. 이왕 일이 시작되고 나면, 사람들이 존중하는 것은 실질적인 힘이다.
15. 사람들은 나에게 자제하라는 말을 곧잘 한다. 내가 자제하고 있는데도 그것을 알아차리지 못하고 그런 말을 한다.
16. 사람들은 될 수 있으면 내 비위를 건드리지 말아야 한다고 생각한다. 나는 사람들로 하여금 나와는 가급적이면 얽히지 않는 편이 좋겠다고 생각하게 만든다.

17. '힘이 곧 정의'라는 것을 믿었던 시절이 있다. 그럴 필요가 있을 경우에는 제법 무자비하게 굴 수도 있다.
18. 어느 누구도 나를 받아들이려 하지 않는다는 것을 느낄 때가 있다. 나로서는 꽤 점잖게 구는데 그 사람들은 도대체 왜 그럴까?
19. 나약하고 우유부단한 사람들을 보면 답답하기 짝이 없다. 나와 함께 열정을 나눌 수 없다면, 그런 사람은 차라리 없는 편이 낫다.
20. 나를 다치게 하든, 나에게 사랑을 보여 주든, 사람들은 거기에 상응하는 대가를 받게 될 것이다.

〈인성유형 9번〉 질문사항

1. 기분이 좋은 상태일 때, 나는 자기주장을 내세우면서도 사람들과 잘 어울리는 편이다.
2. 나는 서로를 격려하고 지원하는 따뜻한 분위기를 조성하고, 이를 즐거워한다. 그런 분위기에서는 사람들의 얼굴이 활짝 피고 모두 행복해한다.
3. 사람들은 나를 보고 비판적이라거나 공격적이라고 말하는 경우가 거의 없다. 오히려 대하기가 편하고 누구하고도 어울리기 쉬운 사람이라고 말한다.
4. 사람들은 모두가 근본적으로 선하다. 나는 사람들을 신뢰하고, 뭔가 다른 숨겨진 동기가 있지 않은지 의심하는 경우가 거의 없다.
5. 내 생각에, 나는 그리 복잡한 사람이 아니다. 나는 만사를 낙관적으로 생각하고, 내 자신과 내 인생에 만족한다.
6. 나에게는 사색에 잠겨 신비주의에 빠지는 측면이 있다. 자연과 교감하기를 즐기고, 종종 우주와 하나 되는 일체감을 느낀다.
7. 나는 가족이나 친구들과 가깝게 지내고 싶다. 그들이 나에게 무엇을 바라든 나는 그들을 만족시켜 주려고 애쓰고, 그것이 그들을 행복하게 해주는 것 같다.
8. 인생에는 그렇게 열나게 하지 않아도 될 일들이 많다. 어떤 경우에는 완강하게 내 입장을 고수하고, 손끝 하나 까닥하지 않는다.
9. 세상에는 별다른 대안 없이 비판만 하고, 쓸데없이 근심 걱정만 하는 사람들이 너무 많다. 나는 어떤 일이든 걱정해야 할 이유를 찾지 못할 때가 많다.
10. 나는 만사가 즐겁기를 바란다. 사람들이 서루 다투거나 문제를 일으키는 것을 보는 것은 딱 질색이다.
11. 사람들이 문젯거리로 여기는 것들 중 대개는 그리 큰 문제가 아니다. 시간이 흐르면 대부분 다 잘 되게 마련이다.
12. 어떤 사람들은 내가 과거를 잘 잊어버린다고 생각할지 모르지만, 정말로 망각해서 그런 것은 아니다. 대개는 거기에 주의를 기울이지 않아서 그 문제를 생각하지 않고 지낼 뿐이다.
13. 사람들이 정말로 변화되는 경우는 거의 없다. 바뀐다고 해봐야 거기서 거기다. 그러니 있는 그대로 받아들이는 것이 상책이다.
14. 나는 닥쳐오는 일들을 있는 그대로 받아들인다. 어떻게든 일어날 일은 일어나게 마련이기 때문이다.
15. 나 자신에 대해 이러쿵저러쿵 많은 생각을 하고 싶지 않다. 생각해 봤자 별 소득이 없는데 무엇 때문에 속을 썩는단 말인가?
16. 문제가 일어나더라고 계속해서 무시하노라면 언젠가는 문제 자체가 사라지고 만다.

17. 과거는 이미 저질러진 것이어서 돌이킬 수 없다. 가능하면 문제가 있어도 못 본 척 지나쳐 버리는 것이 상책이다.
18. 사람들은 때로 나를 화나게 한다. 나는 좋은 사람이고, 누구도 해치려고 한 적이 없는데 왜 그걸 몰라준단 말인가?
19. 가끔 나도 모르게 화가 나거나 분노가 느닷없이 치밀어 오르는 경우가 있는데, 하고 싶은 말을 해버리고 나면 그걸로 다 풀려 버린다.
20. 뭔가 나에게 끔찍한 일이 생기면, 그런 일이 갑자기 꿈처럼 여겨지고 진짜 내 앞에 벌어진 현실의 일로 받아들여지지 않는다.

3. 질문사항 평점 기록표

질문	느낌(가슴) 중심			생각(머리) 중심			행동(장) 중심		
	2번	3번	4번	5번	6번	7번	8번	9번	1번
20									
19									
18									
17									
16									
15									
14									
13									
12									
11									
10									
9									
8									
7									
6									
5									
4									
3									
2									
1									
합계									

4. 의사소통 방식

다음은 의사소통 방식을 구분하여 정리한 것입니다. 우리는 상대에 따라 다른 의사소통방식을 보일 수 있습니다. 다음 항목 중 자신에게 해당하는 것에 ∨ 표를 하고, 그 대상이 누구인지를 적으세요.

	의사소통방식	표시	대상
공격적	소리를 지르거나 큰 소리로 말한다.		
	욕을 한다.		
	상대방의 의견을 묻지 않고 자기가 의사결정을 한다.		
	명령조로 말한다(~해, ~하지 마).		
	상대의 말이 끝나기 전에 나의 말을 한다.		
	상대를 비난하거나 상대의 탓을 한다.		
	상대방에게 벌이나 위협을 준다.		
	상대방과 논쟁을 하려 한다.		
	화나거나 무뚝뚝한 표정을 짓는다.		
	상대방의 말을 받아들이지 않는다.		
수동적	눈 맞춤을 잘 못한다.		
	수줍어서 자기 얘기를 하지 못한다.		
	거절을 못한다.		
	부탁하지 못한다.		
	자신의 느낌, 생각, 신념을 솔직하게 나타내지 못한다.		
	변명을 한다.		
	자신의 생각을 직접적으로 말하지 못하고 둘러댄다.		
	목소리가 작다.		
	다른 사람으로 하여금 결정을 대신해 주기를 바란다.		
	상대방과의 대화 후 마음이 상한다.		

	의사소통방식	표시	대상
주장적 (긍정적)	상대방과 적절한 눈 맞춤을 한다.		
	부탁이나 거절을 하더라도 상대방이 기분 나빠하지 않는다.		
	단호하고 또렷한 음성으로 말한다.		
	상대방의 말에 귀를 기울인다.		
	자신의 행동에 대해 이유를 솔직하게 설명한다.		
	타협안을 제시한다.		
	나타내고자 하는 바를 직접 나타낸다.		
	상대방이 알아들을 수 있을 만큼 큰소리로 말한다.		
	생동감 있는 자연스러운 억양으로 말한다.		
	적절한 몸짓과 표정을 짓는다.		
	상대방에게 공감적 이해를 하고, 그것을 표현한다.		
	자신의 마음속에 있는 말을 정직하게 나타낸다.		
수동공격적	상대방과 눈 맞춤을 하지 않는다.		
	상대방의 말에 대답이나 반응을 지체한다.		
	내 생각을 말하지 않고 침묵한다.		
	나의 꾸물거림이나 무반응으로 인하여 상대가 화를 낸다.		
	직접 말하지는 못하지만, 상대방에 대해 뒤에서 투덜댄다.		

5. 자기주장 척도(Rathus Assertiveness Scale)

질문을 읽고 보기에서 해당되는 점수를 찾아 쓰세요.

전혀 다름(−3) / 상당히 다름(−2) / 다소 다름(−1) / 약간 비슷(+1) / 상당히 비슷(+2) / 완전히 맞음(+3)

- 굵은 글씨는 역전환 점수
  (예를 들어, 1번 항목에서 +2 라면, 점수 계산시에는 −2 로 계산한다)

총점 : (날짜 :)

번호	문항	점수
1	**대부분의 사람들이 나보다 더 공격적이고 자기주장을 잘하는 것 같다.**	
2	**나는 '부끄러움' 때문에 데이트를 신청하거나 받아들이는 데 망설여진다.**	
3	음식점에서 주문한 음식이 마음에 들지 않을 때, 종업원에게 음식에 대한 불만사항을 이야기한다.	
4	**비록 나의 감정이 상하는 일이 있더라도 상대의 감정을 상하게 하지 않으려고 조심한다.**	
5	**판매원이나 점원이 나에게 여러 가지 물건을 보여 주면서 애를 썼다면 내가 꼭 원하는 물건이 아니어도 '안 사요'라고 말하기 어렵다.**	
6	누군가가 나에게 무엇인가 하기를 요청할 때, 나는 그 이유를 알고 싶다고 말한다.	
7	나는 유익하고 활발한 토론을 하고 싶어질 때가 있다.	
8	나는 대부분의 다른 사람들처럼 현 위치에서 더욱 발전하려고 애쓴다.	
9	**자신을 정당화하기 위해 사람들은 가끔 나를 이용하려고 한다.**	
10	나는 처음 보는 사람이나 낯선 사람들에게 말을 건네는 것을 좋아한다.	
11	**나는 종종 마음에 끌리는 이성에게 무슨 말을 해야 할지 모를 때가 있다.**	
12	**나는 공공기관이나 사무실에 전화하는 것을 주저한다.**	
13	**직접적인 개별 면접보다는 편지나 소개서 등을 써서 학교나 직장에 지원하는 것이 편하다.**	
14	**나는 구입한 물건을 바꾸는 것이 난처하다.**	
15	**가까운 가족이나 친척이 나를 귀찮게 하면, 나는 괴로운 심정을 표현하기보다는 꾹 참는 편이다.**	

16	나는 남들에게 바보처럼 보일까 두려워 질문하는 것을 피해 왔다.	
17	나는 논쟁하는 중에 너무나 흥분해서 일을 망칠까 봐 때때로 두려워진다.	
18	아무리 유명하고 존경 받는 강연자라도 내가 생각하기에 틀린 말을 한다면, 청중들에게 나의 의견을 기꺼이 말할 것이다.	
19	나는 판매원과 물건 값에 대해 실랑이하는 것을 피한다.	
20	내가 무언가 중요하고 가치 있는 일을 했다면, 나는 다른 사람들에게 그것을 알리려고 노력한다.	
21	나는 나의 감정에 대해 개방적이고 솔직하다.	
22	만약 누군가가 나에 대해 근거 없이 나쁜 소문을 퍼뜨리고 다닌다면, 가능한 빨리 그 사람을 만나서 확인하겠다.	
23	나는 '아니오'라고 거절하기 어려울 때가 있다.	
24	나는 나의 감정을 표현하기보다는 억누르는 편이다.	
25	나는 음식점이나 상점의 서비스가 형편없다면 그에 대한 불만을 얘기한다.	
26	극장이나 강연회에서 옆에 앉은 사람들이 크게 말하면 조용히 하라고 하거나, 다른 곳에 가서 이야기하라고 요구할 것이다.	
27	나는 칭찬을 받으면 무슨 말을 해야 할지 모를 때가 있다.	
28	줄을 서 있는데 누군가가 새치기를 한다면 나는 그 사람과 다툴 것이다.	
29	나의 의견을 즉각적으로 표현한다.	
30	가끔 무슨 말을 해야 할지 모를 때가 있다.	

6. 갈등상황 사례

1) 일상생활에서의 갈등상황

상황 1. 조별과제 수행 시 조장 A는 점수에 대한 기대가 높아 과제의 완성도를 높이고 싶어 한다. 하지만 같은 조원인 B는 과제에 대한 관심이 부족하여 담당했던 부분을 약속 기한도 넘기고 완성도도 떨어졌다. A는 B에게 수정을 요구했고 B는 한차례 수정은 하였지만 추가 수정은 더 이상 없다며 수정하고 싶으면 본인이 하라고 일방적으로 문자만 남긴 상황. 다른 조원들은 B의 과제를 대신 맡아서 완성도를 높이자는 의견도 있지만, 또 다른 조원들은 B가 제대로 기여하지 않고 같은 점수를 받는 것은 부당하다며 어떻게든 B를 재촉하자고 의견을 내는 상황.

상황 2. A는 처음으로 남자친구를 사귀게 되었다. 그는 착하고 자상해서 무엇이든 잘 챙겨주는 스타일이라 처음 몇 달 동안은 무척 신났다. 말이 많은 A와 달리 남자친구는 늘 들어주었고 고민을 이야기할 때도 잘 들어주어서 힘이 되었다. 하지만 점점 남자친구가 듣기만 하고 자기 의견은 이야기하지 않아 A는 답답해지기 시작했다. 급기야 여행계획을 짜는데 남자 친구는 무조건 A가 하는 대로 따르겠다면서 A에게 모든 결정을 맡겼다. A는 때로는 남자친구가 결정해서 이끌어주면 좋겠는데 그러지 않아서 불만인 상황.

상황 3. A교수는 학생지도와 연구에 대한 열정이 매우 많다. A교수는 학생들도 잘 챙겨주고 일에 대한 추진력도 뛰어나지만 고집이 세고 독불장군형이다. 학생들이 주최하는 학과 행사를 준비하는데, A교수가 행사요원 학생들에게 이것저것 지시한다. 그런데 학생의 입장에서는 A교수의 지시가 너무 과다하고 A교수와 다른 방식으로 진행을 했으면 하는 생각이 있다. 일방적으로 A교수의 지시를 받자니 학생 입장에서는 뜻대로 행사준비를 못해 불만인 상황.

상황 4. 3개의 아르바이트를 해서 부모님께 생활비를 보태드리지만 부모님은 그것을 당연시 여긴다. 고맙다는 말은커녕 형편이 어렵다고 늘 말하면서 자식이 생활비를 더 보태줄 것을 은근히 기대한다. 자식은 이제 취업 준비와 학업에 충실하기 위해 아르바이트를 줄이려고 하지만 부모님은 줄어든 생활비 걱정에 자식이 계속 아르바이트를 했으면 하는 상황.

상황 5. 아르바이트를 하는 곳에서 동료가 특정일에 스케줄을 바꾸어 달라고 한다. 그 날은 나 역시 중요한 일정이 있어 비번을 신청한 날이다. 그 동료는 사교적이고 적극적이어서 동료들 사이에서 인기가 많고, 매니저의 인정도 받고 있지만 갑자기 스케줄을 변경해서 다른 사람들, 특히 나에게 부탁을 하는 경우가 잦다. 이번에도 너무 중요한 일이라면서 부탁할 사람이 나 밖에 없다고 하는 상황.

상황 6. 아르바이트를 하는 음식점에서 손님이 6세 아이를 데리고 오자마자 스마트폰을 켜서 아이에게 보여주었다. 그런데 스마트폰 영상 소리가 커서 주변의 다른 손님들이 눈살을 찌푸린다. 급기야 다른 손님이 담당자인 나에게 그 손님에 대해 불만을 말하는 상황.

상황 7. A와 B는 같은 부서에서 일하는 동료이다. B보다 나이가 많은 A는 B를 볼 때 동생같다면서 이것저것 챙겨주는 한편, 일에 있어서도 지시하는 것이 많다. B는 자신이 알아서 할 일도 A가 이래라저래라 간섭하는 것 같아 불만이고, A는 B가 자신의 말을 잘 안 듣고 마음대로 한다고 생각하여 불만인 상황.

상황 8. 학기말 보고서를 쓰는데, 보고서 마감 이틀 전에 C가 어떻게 보고서를 작성해야할지 모르겠다며 D의 보고서 파일을 보내달라고 한다. D는 보고서를 위해 한달을 준비하였고, C는 다른 일만 하다가 마감 이틀 전에 보고서를 준비하려고 한 것이다. C는 D에게 표절검사에 걸리지 않도록 참고만 할 것이니 보여달라고 하여 D가 망설이는 상황.

상황 9. A는 음식점에서 매일 저녁 6시에서 10시까지 아르바이트할 사람을 구하는 공고를 보고 지원하였다. 면접에서 합격하여 이 음식점에서 일하게 되었는데, 음식점 주인은 손님이 적은 날은 A에게 두 시간만 하고 가라고 하였다. 어떤 날은 손님이 안 올 것 같으니 A에게 나오지 말라고 당일에 연락하기도 하였다. 그리고 아르바이트에 대한 급여는 일한 시간만큼 계산해주었다. A는 4시간을 일하고 급여를 받을 것을 계산하여 이곳에 지원하였으나 손님이 없다는 이유로 일하는 시간이 단축되었고, 그만큼 기대했던 급여보다 적었다. A는 이에 대해 불만이 있으나 주인은 문제없다고 여기는 상황.

2) 업무 중의 갈등상황

상황 1. 방사선치료를 위해 간호사가 환자에게 금식을 지시했는데 30분 이상이 지나도 방사선실에서 환자를 호출하지 않아 방사선실에 확인해 보니 예약이 되어 있지 않았다. 학회에 가 있는 주치의와 간신히 연락이 되었으나 예약하는 걸 깜빡 잊었다며 대신 예약해 달라고 부탁하며 급히 전화를 끊는다. 배고픈 환자와 그 보호자는 간호사실에 와서 화를 내는 상황.

상황 2. 궁금한 것이 많은데 주치의가 회진을 오지 않는다고 불만을 토로하는 환자와 보호자가 있다. 이들은 주치의에 대한 원망과 병원 시스템이 불편하다면서 푸념하는데 막상 주치의가 오면 궁금한 것도 없고, 아무 말도 못하는 상황.

상황 3. 신규 간호사가 한 명 배치되었다. 3월이 되어 의사도 모두 바뀌고 병동 전체가 어수선한데 신규 간호사가 계속 실수를 하는 바람에 그 팀에 속한 환자와 보호자들이 간호사실로 몰려와 불평을 쏟아놓는다. 그러자 신규 간호사는 어쩔 줄 몰라하며 처치실에 들어가서 울고 있는 상황.

상황 4. 병원 요직에 동창이 여럿 있고 평소에도 거드름을 피우며 병원직원을 대하던 대기업의 중역인 환자 A씨가 의대교수 아니면 아무도 못 믿겠다며 의대교수 ○○○에게 전화를 걸어 달라고 요청하는 상황.

상황 5. N씨는 74세의 여자로 며칠 전 감기증세로 인해 동네약국을 찾았다. 대기 고객이 많은 상황임에도 불구하고 약속시간에 늦지 않기 위해 본인의 약은 간단한 것이니 자신의 약을 먼저 조제해 달라고 계속 요구하는 상황.

상황 6. 60대 초반의 남자 A씨는 코로나 백신 접종 후 발열과 통증이 있어 약국을 방문하였다. A씨는 정부발표에서 "접종 후 어느 정도 불편한 증상이 있을 경우 타이레놀과 같은 소염효과가 없는 진통제는 복용하는 것이 적절하다"는 권고를 접한 터라 타이레놀을 반드시 복용해야 한다고 하였다. 현재 타이레놀은 정부의 권고발표 이후 유통이 원활하지 않은 상황이라 품절된 상황이었다. 약사는 상황을 설명하고, 이와 동일한 성분의 다른 제품을 권하였으나, A씨는 타이레놀이 아니므로 불가하니 해당제품을 계속 요청하는 상황.

상황 7. D씨는 50대 초반의 여자로 최근 당뇨병을 진단받은 후 식이 및 운동요법을 시행하며, 항당뇨약을 복용 중이다. 오늘 D씨는 비만치료제를 추가로 처방받아 조제된 약에 대해 약국에서 복약상담후 귀가 하였다. 다음 날 약국을 재방문한 D씨는 어제 받은 약을 집에서 확인해 보니 처방약의 개수가 부족하다며, 약사가 실수로 덜 준 것이니 더 주어야 한다고 항의하는 상황.

상황 8. L씨는 60대 후반의 여자로 당뇨병, 고혈압, 불면증을 앓고 있으며 최근에는 항우울제 처방을 가지고 약국을 방문하였다. 그런데 며칠 뒤 부작용으로 약 복용을 중지했다며 남은 약을 반납하고 비용을 환불해 달라고 요구하는 상황.

상황 9. 59세의 여자 G씨는 평소 청결, 위생에 관한 강박증이 있는 편이다. 오늘은 아침부터 갑작스럽게 심한 두통과 복통, 설사가 계속되자 병원을 찾았고 이에 약국을 방문하였다. G씨는 조제한 약을 가지고 나오는 약사를 보고 앞서 온 환자에게 카드를 받아 처리하고, 키보드를 만진 손으로 자신의 약을 조제한 것에 대해 비위생적인 것이 아니냐며 불만 가득한 소리로 약사에게 언성을 높이고 있는 상황.

상황 10. 김약사는 약학대학을 바로 졸업한 인턴 약사로 현재 병원 약제부 내에서 팀을 순환하며 근무하고 있다. 이번 근무지는 입원조제실로 입원환자의 처방 약을 검토, 조제, 재검토하는 업무를 맡고 있다. 그런데 지난주 프리셉터 선생님께 배운 내용 중 미처 이해를 하지 못한 부분이 있어 같은 질문을 여러 차례 반복하자 프리셉터 선생님께서는 짜증 섞인 말투로 학교에서 해당 내용을 안배웠냐며 궁금하면 질문하기 전에 먼저 찾아보고 나서 질문을 하라고 하였다. 틀린 말은 아니었지만 귀찮고 짜증내는 말투로 들으니 다른 질문은 할 엄두도 나지 않는 상황.

참고문헌

- 간호이론과 실제에서의 의사소통론(개정증보) | 이소우, 임숙빈(대한간호협회, 1998)
- 건강한 인간관계를 위한 의사소통 기술 | 양경희 외(퍼스픽북스, 2019)
- 개정판 최신 아동건강간호학 총론 | 김미예 외(수문사, 2015)
- 교류분석에 기초한 집단상담식 유아부모교육 운영과정과 경험탐색 | 문주형(중앙대학교 박사논문, 2015)
- 교류분석 이론에 기초한 부모교육 활동이 어머니의 양육태도에 미치는 영향 | 박지수(한국교원대학교 석사학위논문,2013)
- 교류분석(TA) 입문 | 우재현(정암미디어,2015)
- 교류분석치료: 성격개선, 상담치료 | 김규수, 류태보(형설출판사, 2001)
- 나를 찾는 에니어그램, 상대를 아는 애니어그램 | 레니 바론, 엘리자베스 와겔리(연경문화사, 2014)
- 내적여정 | 한국에니어그램 연구소(한국 에니어그램 연구소, 2002)
- 노년층 의사소통능력에 대한 문헌연구 | 김정환, 김향희(한국언어청가임상학회, 2009)
- 대통령 보고서 청와대 비서실의 보고서 작성법 | 박남춘 외(위즈덤하우스, 2007)
- 미운 4살부터 막무가내 8살까지 아이의 모든 행동에는 이유가 있다 | 크르스토프 호르스트 외(책그릇, 2007)
- 보고서의 법칙 일주일 내로 보고서를 써야 하는 당신에게 | 백승권(바다출판사, 2018)
- 사례중심 근거기반 정신건강간호학(제3판) | 도경진 외(정문각, 2019)
- 사티어 모델: 핵심개념과 실제 적용 | 김영애(김영애가족치료 연구소, 2014)
- 사티어 빙산의사소통 : 자기이해를 통한 마음과 마음 나누기 | 김영애(김영애가족치료연구소, 2019)
- 상담심리학-이론과 실제 | 강갑원(양서원, 2015)
- 소리치지 않고 때리지 않고 아이를 변화시키는 비결 | 제리 와이코프, 바바라 유넬(명진출판사, 2002)
- 심성개발을 위한 교류분석(TA)프로그램: 초급과정(TA 101 Course) | 우재현(정암서원, 1989)
- 약국 커뮤니케이션 가이드북 | Berger BA. 원희목 옮김(조윤커뮤니케이션, 2013)
- 약사와 커뮤니케이션 | 한국약사커뮤니케이션 학회(신일서적, 2020)
- 에니어그램의 지혜 | 돈리처드 리소, 러스 허드슨, 주혜명 옮김(한문화, 2015)
- 인간관계론 실습 | 이미형(현문사, 2002)
- 인간관계와 의사소통 | 이경순 외(현문사, 2012)
- 인간관계와 커뮤니케이션(제5판) | 도복늠 외(정담미디어, 2016)
- 임상교류분석(TA)프로그램(제4판) | 우재현(정암서원, 2004)
- 의료정보이해능력(Health Literacy): 한국형 측정도구 개발을 위한 예비연 | 김성수, 김상현, 이상엽(보건교육 · 건강증진학회지, 2005)
- 의사소통 방법론 | 김영애(김영애가족치료연구소, 2008)
- 의사소통과 인간관계론(제4판) | 한금선 외(고문사, 2018)
- 잠재력 개발을 위한 인성교육 | 경인여대 학생생활연구소(경인여대 학생생활연구소, 2000)
- 젊은이를 위한 인간관계의 심리학 | 권석만(학지사, 2017)
- 정신간호총론(제8판) | 김선아 외(수문사, 2020)

- 정신건강간호학(제6판) | 이미형 외(현문사, 2019)
- 조직커뮤니케이션의 이해 | 황상재(법문사, 2006)
- 커뮤니케이션 실습지침서 | 김후자(수문사, 2004)
- 한국 노인의 건강문해실태와 영향 요인; 인구사회학적 특성을 중심으로 | 이태화, 강수진(한국노년학, 2008)
- 한국의 의료커뮤니케이션, 이대로 좋은가? | 대한의료커뮤니케이션학회 창립준비 위원회(2006)
- 한 장 보고서의 정석 | 박신영(세종서적, 2018)
- 환자중심의 약사커뮤니케이션 | PHC포럼, 한국약사커뮤니케이션학회(약사공론, 2018)
- Inadequate functional health literacy among patients at two public hospitals | Williams MV, Parker RM, Baker DW et al.(JAMA, 1995)
- The Satir Model Family Therapy and Beyond | Virginia Satir, John Banmen, Jane Gerber, Maria Gomori (Science and Behaviour Books, Inc., 1991)
- www.sigmapress.co.kr/shop/shop_image/g44314_1405990951.pdf
- ta.or.kr/bbs/board.php?bo_table=data&wr_id=1
- https://blog.naver.com/dltnsrbs/90144791609
- http://blog.naver.com/sjhu62/140056380357
- http://www.dailypharm.com/News/205139
- 중앙치매센터, 치매가족교육_헤아림[전자자료](2018년 4월 30일), 중앙치매센터, 2019년 7월 1일 검색, https://www.nid.or.kr/info/dataroom_view.aspx?bid=175
- 중앙치매센터, 치매 가족 교육 영상_2014 마음 읽어주기 망상 편,
- https://www.youtube.com/watch?v=Jt_CI6ciMaM&list=PLqCd_dwroJB8CUdGNiYVJUXxSSc-JejX1S&index=1

찾아보기

[한글]

[영어]

S

T

U

V

W

Y

저자소개

주혜주 _ 서울대학교 간호학 박사
경인여자대학교 교수
현) 마음극장 심리코칭 연구소 대표

고희성 _ 서울대학교 간호학 박사
현) 예수대학교 교수

김수미 _ 서울대학교 간호학 박사
현) 자기돌봄과 통합 연구소(BINAH) 소장

김은영 _ 플로리다대학교 약학박사
현) 중앙대학교 약학대학 교수

김찬희 _ 서울대학교 간호학 박사
현) 동아대학교 교수

도경진 _ 한양대학교 간호학 박사
현) 경동대학교 교수

안진희 _ 서울사이버대학교 상담심리 석사
현) 마음안 힐링커뮤니케이션 대표

양정운 _ 서울대학교 간호학 박사
현) 경복대학교 교수

유진희 _ 인하대학교 간호학 박사
현) 경인여자대학교 교수

정선아 _ 서울대학교 간호학 박사
현) 수원여자대학교 교수

진혜경 _ 이화여자대학교 약학박사
현) 동국대학교 약학대학 강사

저자와의 협의로 인지생략

성찰을 통한
인간관계와 의사소통 제3판

발 행 일 2023년 6월 20일 1쇄 인쇄
2023년 6월 30일 1쇄 발행
저 자 주혜주 · 고희성 · 김수미 · 김은영 · 김찬희 · 도경진
안진희 · 양정운 · 유진희 · 정선아 · 진혜경
발 행 인 김재민
발 행 처 정문각 JMK
서울특별시 마포구 백범로 104, 봉화빌딩 4층
출판등록 2011년 1월 19일 제2011–000035호
전 화 02)713–0421~3
팩 스 02)704–6265
전자우편 jmk@jmkp.co.kr
홈페이지 www.jmkp.co.kr

정 가 **22,000원**

ISBN 979-11-6260-297-3 93510